500만 독자가 선택한

가장 쉬운
독학 일본어 첫걸음
14,000원

가장 쉬운
독학 중국어 첫걸음
14,000원

가장 쉬운
독학 베트남어 첫걸음
15,000원

가장 쉬운
독학 스페인어 첫걸음
15,000원

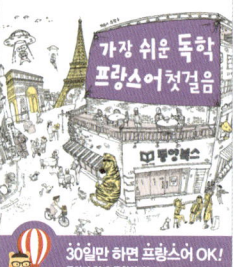

가장 쉬운
독학 프랑스어 첫걸음
16,500원

가장 쉬운
독학 태국어 첫걸음
16,500원

가장 쉬운
프랑스어 첫걸음의 모든 것
17,000원

가장 쉬운
독일어 첫걸음의 모든 것
18,000원

가장 쉬운
스페인어 첫걸음의 모든 것
14,500원

첫걸음 베스트 1위!

동양북스
www.dongyangbooks.com
m.dongyangbooks.com

가장 쉬운 러시아어
첫걸음의 모든 것
16,000원

가장 쉬운 이탈리아어
첫걸음의 모든 것
17,500원

가장 쉬운 포르투갈어
첫걸음의 모든 것
18,000원

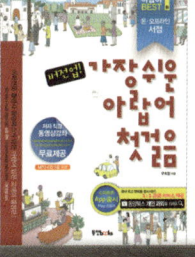

버전업! 가장 쉬운
베트남어 첫걸음
16,000원

가장 쉬운 터키어
첫걸음의 모든 것
16,500원

버전업! 가장 쉬운
아랍어 첫걸음
18,500원

가장 쉬운 인도네시아어
첫걸음의 모든 것
18,500원

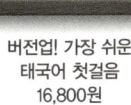

버전업! 가장 쉬운
태국어 첫걸음
16,800원

가장 쉬운 영어
첫걸음의 모든 것
16,500원

버전업! 굿모닝
독학 일본어 첫걸음
14,500원

가장 쉬운 중국어
첫걸음의 모든 것
14,500원

오늘부터는
팟캐스트로 공부하자!

팟캐스트 무료 음성 강의

▸1 iOS 사용자
Podcast 앱에서
'동양북스' 검색

▸2 안드로이드 사용자
플레이스토어에서 '팟빵' 등
팟캐스트 앱 다운로드,
다운받은 앱에서
'동양북스' 검색

▸3 PC에서
팟빵(www.podbbang.com)에서
'동양북스' 검색
애플 iTunes 프로그램에서
'동양북스' 검색

◉ **현재 서비스 중인 강의 목록** (팟캐스트 강의는 수시로 업데이트 됩니다.)

- 가장 쉬운 독학 일본어 첫걸음
- 페이의 적재적소 중국어
- 가장 쉬운 독학 중국어 첫걸음
- 중국어 한글로 시작해
- 가장 쉬운 독학 베트남어 첫걸음

일본어뱅크

베이스

초보 탈출 4주 완성 프로젝트!

일본어 STEP 2

김고운 · 정희순 · 박승주 · 다카하시 미츠히로 · 무카이 히로요시 · 아누미야 요시유키 지음

기타노 다카시 감수

동양북스

베이스 일본어 STEP 2

초판 2쇄 | 2019년 9월 5일

지은이 | 김고운·정희순·박승주·다카하시 미츠히로·무카이 히로요시·이누미야 요시유키
원어민 감수 | 기타노 다카시
발행인 | 김태웅
편집장 | 강석기
책임 편집 | 신선정
디자인 | 서진희
마케팅 | 나재승
제 작 | 현대순

발행처 | (주)동양북스
등 록 | 제 2014-000055호
주 소 | 서울시 마포구 동교로22길 14 (04030)
구입 문의 | 전화 (02)337-1737   팩스 (02)334-6624
내용 문의 | 전화 (02)337-1762   dybooks2@gmail.com

www.dongyangbooks.com

ISBN 979-11-5768-325-3 14730
      979-11-5768-303-1 (세트)

이 도서의 국립중앙도서관 출판예정도서목록(CIP)은 서지정보유통지원시스템 홈페이지(http://seoji.go.kr)와
국가자료공동목록시스템(http://www.nl.go.kr/kolisnet)에서 이용하실 수 있습니다.
(CIP제어번호: CIP2017032633)

「베이시스 일본어」는 기존의 '실질적인 기초 일본어를 정확하고 심플하게 마스터'하는 것을 목표로 만든 교재입니다. '일본어 기초'라고 하면 어떤 강좌나 교재에서도 동일하게 적용되어 왔던 관습적인 구성이 있었습니다. 이 책은 학습자의 실제 단계에 맞지 않는 표현까지 다루어야 했던 기존 교재의 오래된 관념에서 벗어나고자 합니다. '교재'를 위한 구성이 아니라, 일본어를 말하고 듣고 쓰는 데에 있어서 가장 심플하고 실질적인 '일본어'를 위한 구성으로 다음 세 가지에 중점을 두고 만들어진 책입니다.

1. 책에 있는 예문을 **실제 상황**에 그대로 대입했을 때 자연스러운가.

2. 주어진 상황에서 '만들어낸' 작문을 발화하는 것이 아니라, **습관화된 '반응'**이 튀어나올 수 있도록 연습할 수 있는 책인가.

3. 이 교재와 수업으로 학습이 완료되었을 때, **JLPT/JPT**와 같은 일본어 시험 준비 과정 또는 **독해, 작문, 회화** 등 **다음 단계의 학습**으로 도약할 수 있는 수준이 갖추어지는가.

이 책으로 일본어를 처음 시작하시는 분들은 물론이고, 다시 새로운 마음으로 일본어를 마스터하고자 하는 분들에게도 가장 확실하고 쉬운 현실적 솔루션이 되기를 기대합니다.

첫 페이지를 열었을 때의 마음부터, 원하는 목표에 발을 딛는 순간까지 여러분의 모든 발자국을 응원하겠습니다.

저자 드림

본책

▶▶▶ **들어가기**

각 CHAPTER의 본문에서 배울 내용들을 간
단히 소개합니다. 학습 목표와 포인트를 보며
그 날의 학습을 준비할 수 있습니다.

▶▶▶ **회화술술**

각 CHAPTER의 포인트가 담긴 기본적인 회화 표현을 학습합니
다. 기본적이면서도 자연스러운 회화 표현을 통해 일본어 기초
문장을 익힐 수 있습니다.

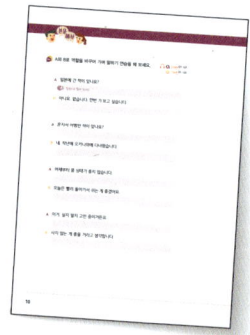

▶▶▶ **본문해석**

'회화술술'의 해석을 활용하여 말하기 연습을 할 수 있
습니다. 다른 학습자와 함께 A와 B로 역할을 바꾸어 가며
말하거나, A와 B로 각각 녹음된 원어민 음성을 활용하여
섀도우 스피킹 연습을 할 수도 있습니다.

▶▶▶ **문법톡톡**

각 CHAPTER에서 학습할 문형 포인트를 항목별로 학습합
니다. 다양한 예문을 통해 실제적인 응용 표현을 익히고,
제시된 팁을 통해 더 자연스러운 발화 표현을 익힐 수 있
습니다.

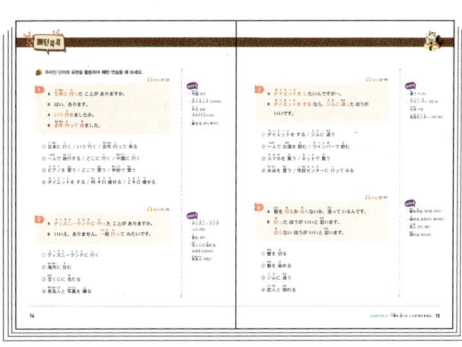

▶▶▶ 패턴콕콕

각 CHAPTER의 '문법톡톡'에 나온 표현과 예문을 바탕으로 말하기 연습을 할 수 있습니다. 각 CHAPTER의 핵심 문형을 응용한 다양한 문장들을 말해 보면서 문형을 제대로 이해했는지 확인할 수 있으며, 실질적이고 활용도가 높은 단어가 제시되어 있어 보다 자연스러운 회화를 구사할 수 있습니다.

▶▶▶ 연습착착

'듣기연습'에서는 제시되는 문장을 집중해서 듣고 풀이하는 과정을 통해 일본어를 듣고 이해하는 능력을 키울 수 있습니다. '쓰기연습'에서는 앞에서 학습한 문형을 직접 써 보는 과정을 통해 각 CHAPTER의 문형을 최종적으로 익히고, 응용력을 함께 키울 수 있습니다.

 별책

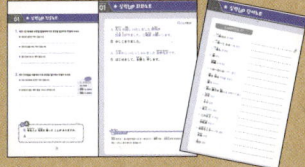 실력 UP 노트

'말하기', '듣기', '쓰기' 실력을 쌓기 위한 워크북입니다. '작문노트'에서는 연습 단계를 4단계로 나누어 점진적으로 작문 연습을 할 수 있습니다. '회화노트'에서는 학습 문형과 연관되면서도 활용도가 높은 경어 표현을 제시하여 비즈니스 회화 표현을 익힐 수 있습니다. '단어노트'에서는 각 CHAPTER별 단어를 복습할 수 있어, 어휘력을 탄탄히 다질 수 있습니다.

 MP3

이 책의 본책과 별책 음성 MP3 파일은 동양북스 홈페이지(www.dongyangbooks.com) [도서자료실]에서 다운로드할 수 있습니다.

6

一度も 会った ことが ありません。

いち ど　　　あ

한 번도 만난 적이 없습니다.

학습 목표

동사 과거형인 た 형을 이용한 문형을 익히고 말할 수 있다.

포인트

① 동사의 た 형
② 동사의 た 형+【명사】
③ ～た 것이 ある
④ ～た ほうが いい

☑ **복습** 다음 문장을 일본어로 말해 보세요.

☐ 자지 않고 공부를 했습니다.

☐ 여기에서는 담배를 피우지 마세요.

☐ 토요일도 회사에 가야 됩니다.

☐ 내일은 오지 않아도 괜찮습니다.

🎧 Track 01-01

A　日本に 行った ことが ありますか。

B　いいえ、ありません。一度 行って みたいです。

A　一人で 旅行した ことが ありますか。

B　はい、去年 沖縄に 行って 来ました。

A　昨日から 体調が よく ないんです。

B　今日は 早く 帰って 休んだ ほうが いいですよ。

A　これ、買うか 買わないか 迷って いるんです。

B　買わない ほうが いいと 思います。

word

□ 一度 ~て みる
한번 해 보다

□ 一人で 혼자서

□ 去年 작년

□ 沖縄 오키나와

□ 体調 몸 상태

□ 休む 쉬다

□ ~か~ないか ~지 ~말지

□ 迷う 망설이다, 주저하다

□ ~と 思います
~라고 생각합니다

A와 B로 역할을 바꾸어 가며 말하기 연습을 해 보세요.　🎧 Ⓐ Track 01-02
　　　　　　　　　　　　　　　　　　　　　　　　　　Ⓑ Track 01-03

A 일본에 간 적이 있나요?

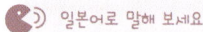 일본어로 말해 보세요.

B 아니요, 없습니다. 한번 가 보고 싶습니다.

A 혼자서 여행한 적이 있나요?

B 네, 작년에 오키나와에 다녀왔습니다.

A 어제부터 몸 상태가 좋지 않습니다.

B 오늘은 빨리 돌아가서 쉬는 게 좋겠어요.

A 이거, 살지 말지 고민 중이거든요.

B 사지 않는 게 좋을 거라고 생각합니다.

문법톡톡

1 ▶ 동사의 た형

그룹	형태	예
1그룹	어미 う, つ, る → った	会_あう → 会_あった 만났다
		待_まつ → 待_まった 기다렸다
		帰_{かえ}る → 帰_{かえ}った 돌아갔다(돌아왔다)
	어미 ぬ, む, ぶ → んだ	飲_のむ → 飲_のんだ 마셨다
		遊_{あそ}ぶ → 遊_{あそ}んだ 놀았다
	어미 く → いた	聞_きく → 聞_きいた 들었다
		※ 行_いく → 行_いった 갔다
	어미 ぐ → いだ	脱_ぬぐ → 脱_ぬいだ 벗었다
	어미 す → した	話_{はな}す → 話_{はな}した 이야기했다
2그룹	어미 る + た	いる → いた 있었다
		食_たべる → 食_たべた 먹었다
		起_おきる → 起_おきた 일어났다
3그룹	불규칙적	する → した 했다
		来_くる → 来_きた 왔다

友_{とも}だちが 家_{いえ}に 来_きた。 친구가 집에 왔다.

デパートで 財布_{さいふ}を 買_かった。 백화점에서 지갑을 샀다.

2 동사의 た형+【명사】 ~한(했던)+【명사】

家に 来た 友だち。 집에 온 친구.

デパートで 買った 財布。 백화점에서 산 지갑.

日本に 行った 時。 일본에 갔을 때.

子どもの 時、読んだ 本。 어렸을 때 읽은 책.

3 ~た ことが ある   ~한 적이 있다

뜻	~한 적이 있다	~한 적이 없다
표현	~た ことが ある	~た ことが ない
예	聞いた ことが ある。 들은 적이 있다.	聞いた ことが ない。 들은 적이 없다.

地下鉄に 傘を 忘れた ことが ある。

지하철에 우산을 깜빡한 적이 있다.

ケータイを 無くした ことは ない。 휴대폰을 분실한 적은 없다.

一度だけ 会った ことが あります。 딱 한 번 만난 적이 있습니다.

一度も 会った ことが ありません。 한 번도 만난 적이 없습니다.

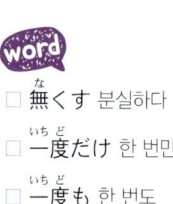

□ 無くす 분실하다

□ 一度だけ 한 번만

□ 一度も 한 번도

4 ～た ほうが いい ～하는 편이 좋다

뜻	～하는 편이 좋다	～하지 않는 편이 좋다
표현	～た ほうが いい	～ない ほうが いい
예	買った ほうが いい。 사는 게 좋다.	買わない ほうが いい。 사지 않는 게 좋다.

病院に 行った ほうが いいです。

병원에 가는 편이 좋겠습니다.

一日 7 時間 以上 寝た ほうが いいです。

하루 7시간 이상 자는 편이 좋습니다.

これ 以上 飲まない ほうが いいです。

이 이상은 마시지 않는 편이 좋겠습니다.

□ これ以上 이 이상

💬 주어진 단어와 표현을 활용하여 패턴 연습을 해 보세요.

🎧 Track 01-04

1

A　日本に 行った ことが ありますか。

B　はい、あります。

A　いつ 行きましたか。

B　去年 行って 来ました。

① 日本に 行く / いつ 行く / 去年 行って 来る

② 一人で 旅行する / どこに 行く / 中国に 行く

③ ピアノを 習う / どこで 習う / 学校で 習う

④ ダイエットを する / 何 キロ 痩せる / ２キロ 痩せる

🎧 Track 01-05

2

A　ディズニーランドに 行った ことが ありますか。

B　いいえ、ありません。一度 行って みたいです。

① ディズニーランドに 行く

② 海外に 住む

③ 宝くじに 当たる

④ 有名人と 写真を 撮る

word

☐ 中国 중국

☐ ダイエット 다이어트

☐ キロ 킬로
　(キログラム의 준말)

☐ 痩せる 살이 빠지다

word

☐ ディズニーランド
　디즈니랜드

☐ 住む 살다

☐ 宝くじに 当たる
　복권에 당첨되다

☐ 有名人 유명인

🎧 Track 01-06

3

A ダイエットを したいんですが…。

B ダイエットを する なら、ジムに 通った ほうが いいです。

word
- □ 通う 다니다
- □ ワイン バー 와인 바
- □ 水泳 수영
- □ 市民センター 시민 센터

① ダイエットを する / ジムに 通う

② 一人で お酒を 飲む / ワインバーで 飲む

③ スマホを 買う / ネットで 買う

④ 水泳を 習う / 市民センターに 行って みる

🎧 Track 01-07

4

A 髪を 切るか 切らないか、迷って いるんです。

B 切った ほうが いいと 思います。

切らない ほうが いいと 思います。

word
- □ 髪を 切る 머리를 자르다
- □ 染める 물들이다, 염색하다
- □ 恋人 연인, 애인
- □ 別れる 헤어지다

① 髪を 切る

② 髪を 染める

③ ジムに 通う

④ 恋人と 別れる

🔊 듣기연습

1. 다음을 잘 듣고 경험한 일에는 ○, 경험하지 않은 일에는 ✕ 표시하세요.

🎧 Track 01-08

a. (　　　)　　　b. (　　　)　　　c. (　　　)

Hint
- □ フランス語 프랑스어
- □ フランス 프랑스
- □ 自転車 자전거

2. 다음을 잘 듣고 감기에 걸렸을 때 하면 좋은 일에는 ○, 하지 않는 게 좋은 일에는 ✕ 표시하세요.

🎧 Track 01-09

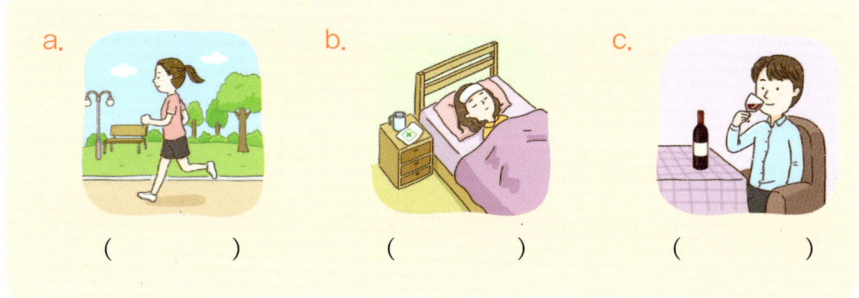

a. (　　　)　　　b. (　　　)　　　c. (　　　)

Hint
- □ 無理する 무리하다

3. 다음 문장을 우리말로 해석하세요.

❶ まだ ネットで 買い物を した ことが ないです。
(ねっと)(か)(もの)

→ _____

❷ 一人で 海を 見に 行った ことが あります。
(ひとり)(うみ)(み)(い)

→ _____

❸ 一度 読んで みた ほうが いいと 思います。
(いちど)(よ)(おも)

→ _____

4. 다음 문장을 일본어로 작문하세요.

❶ 일본 드라마를 본 적이 없습니다.

→ _____

❷ 혼자서 이자카야에 간 적이 있습니다.

→ _____

❸ 몸이 안 좋을 때는 무리하지 않는 편이 좋습니다.

→ _____

❹ 전화로 물어 보는 편이 좋을 거라고 생각합니다.

→ _____

彼女に 家まで 送って もらいました。

여자 친구가 집까지 바래다 줬습니다.

학습 목표
주고 받을 때 쓰는 수수동사를 익히고 말할 수 있다.

포인트
① もらう
② あげる
③ くれる
④ 〜て くれる
⑤ 〜て もらう
⑥ 〜て あげる

☑ **복습** 다음 문장을 일본어로 말해 보세요.

☐ 일본에 갔을 때 산 가방.

☐ 혼자서 영화를 본 적이 있습니다.

☐ 빨리 병원에 가는 게 좋습니다.

☐ 술은 마시지 않는 게 좋습니다.

🎧 Track 02-01

A これ、いいですね。どこで 買_かいましたか。

B それは 兄_{あに}に もらった ものです。

A 笑顔_{えがお}が 素敵_{すてき}ですね。旅行_{りょこう}の 写真_{しゃしん}ですか。

B ええ、姉_{あね}が 撮_とって くれました。

A 空港_{くうこう}まで どうやって 行_いきましたか。

B 彼女_{かのじょ}に 車_{くるま}で 送_{おく}って もらいました。

A 彼女_{かのじょ}の 誕生日_{たんじょうび}に 何_{なに}を あげましたか。

B 旅行_{りょこう}に 行_いって、おいしい ものを
作_{つく}って あげました。

word

☐ もらう 받다

☐ 笑顔_{えがお} 미소, 웃는 얼굴

☐ ～て くれる
（다른 사람이 나에게）～해 주다

☐ 空港_{くうこう} 공항

☐ どうやって 어떻게,
어떤 방법으로

☐ 送_{おく}る 보내다, 바래다 주다

☐ ～て もらう
（다른 사람이 나에게）～해 주다

☐ あげる
（다른 사람에게）주다

☐ ～て あげる
（다른 사람에게）～해 주다

A와 B로 역할을 바꾸어 가며 말하기 연습을 해 보세요. 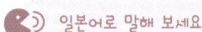 🎧 Ⓐ Track 02-02
Ⓑ Track 02-03

A 이거 좋네요. 어디에서 샀어요?

🗣 일본어로 말해 보세요.

B 그건 형(오빠)에게 받은 것입니다.

A 웃는 얼굴이 멋지네요. 여행 사진이에요?

B 네, 누나(언니)가 찍어 줬습니다.

A 공항까지 어떻게 갔어요?

B 여자 친구가 차로 바래다 줬습니다.

A 여자 친구 생일에 뭘 줬어요?

B 여행을 가서 맛있는 것을 만들어 줬습니다.

1 もらう 받다

(私は)藤井さんに お土産を もらいました。

(저는) 후지이 씨에게 선물을 받았습니다.

加藤さんは 藤井さんに お土産を もらいました。

가토 씨는 후지이 씨에게 선물을 받았습니다.

(私は)部長に お土産を いただきました。

(저는) 부장님께 선물을 받았습니다. 〈겸양어〉

2 あげる (다른 사람에게) 주다

私は ハンさんに お土産を あげました。 저는 한 씨에게 선물을 주었습니다.

藤井さんは 加藤さんに お土産を あげました。

후지이 씨는 가토 씨에게 선물을 주었습니다.

私は 部長に お土産を さしあげました。

저는 부장님께 선물을 드렸습니다. 〈겸양어〉

3 くれる (다른 사람이 나에게) 주다

藤井さんが (私に) お土産を くれました。

후지이 씨가 (저에게) 선물을 주었습니다.

部長が (私に) お土産を くださいました。

부장님께서 (저에게) 선물을 주셨습니다. 〈존경어〉

 Tip 겸양어는 내가 하는 행동을 겸손하고 조심스럽게 말하기 위한 공손한 표현이며 존경어는 상대방을 높여서 말하는 표현입니다.

□ お土産 선물(특히, 여행을 다녀오면서 사 온 것)

□ 部長 부장(님)

□ 課長 과장(님)

4 ~て くれる (다른 사람이 나에게) ~해 주다

藤井さんが (私に) ランチを おごって くれました。

후지이 씨가 (저에게) 점심을 대접해 주었습니다.

= 후지이 씨가 (저에게) 점심을 사 줬습니다.

部長が (私に) ランチを おごって くださいました。

부장님께서 (저에게) 점심을 대접해 주셨습니다. 〈존경어〉

= 부장님께서 (저에게) 점심을 사 주셨습니다.

5 ~て もらう ~해 받다(=해 주다)

(私は) 藤井さんに ランチを おごって もらいました。

(저는) 후지이 씨에게 점심을 대접받았습니다.

= 후지이 씨가 저에게 점심을 사 줬습니다

(私は) 部長に ランチを おごって いただきました。

(저는) 부장님께 점심을 대접받았습니다. 〈겸양어〉

= 부장님께서 (저에게) 점심을 사 주셨습니다.

6 ~て あげる (다른 사람에게) ~해 주다

娘に 毎晩 本を 読んで あげます。 딸에게 매일 밤 책을 읽어 줍니다.

外国人に 道を 教えて あげました。 외국인에게 길을 가르쳐 줬습니다.

> **Tip**
>
> ~て さしあげます는 문법적으로는 틀리지 않지만 실제 상황에서는 아주 제한적인 용례 외에는 쓰이지 않습니다. 겸양의 뜻으로'~해 드린다'고 할 때는 「お+ます형+する」를 써서 말합니다.
>
> かばんを 持って さしあげます。 (△)
>
> → かばんを お持ち します。 (○) 가방을 들어 드리겠습니다.

 word

□ ランチ 런치, 점심 식사

□ おごる 한턱내다,
  먹을 것을 사 주다

□ 道 길

문법 정리

➡️ 수수 표현 형태별 정리

수수 표현	~ない	~ます/~たい	~て	~た
もらう 받다	もらわない	もらいます/ もらいたい	もらって	もらった
いただく 받다 〈겸양어〉	いただかない	いただきます/ いただきたい	いただいて	いただいた
くれる (나에게) 주다	くれない	くれます	くれて	くれた
くださる (나에게) 주시다 〈존경어〉	くださらない	※くださいます	くださって	くださった
あげる (남에게) 주다	あげない	あげます/ あげたい	あげて	あげた
さしあげる 드리다 〈겸양어〉	さしあげない	さしあげます/ さしあげたい	さしあげて	さしあげた

주어진 단어와 표현을 활용하여 패턴 연습을 해 보세요.

Track 02-04

1

A <ruby>誕生日<rt>たんじょうび</rt></ruby>に <ruby>何<rt>なに</rt></ruby>を もらいましたか。

B <ruby>財布<rt>さいふ</rt></ruby>と <ruby>香水<rt>こうすい</rt></ruby>を もらいました。

A <ruby>財布<rt>さいふ</rt></ruby>は <ruby>誰<rt>だれ</rt></ruby>が くれましたか。

B <ruby>父<rt>ちち</rt></ruby>が くれました。

① <ruby>財布<rt>さいふ</rt></ruby> / <ruby>父<rt>ちち</rt></ruby>

② お<ruby>金<rt>かね</rt></ruby> / <ruby>母<rt>はは</rt></ruby>

③ <ruby>花束<rt>はなたば</rt></ruby> / <ruby>恋人<rt>こいびと</rt></ruby>

④ <ruby>化粧品<rt>けしょうひん</rt></ruby> / <ruby>兄<rt>あに</rt></ruby>

Track 02-05

2

A <ruby>恋人<rt>こいびと</rt></ruby>の <ruby>誕生日<rt>たんじょうび</rt></ruby>に たいてい <ruby>何<rt>なに</rt></ruby>を あげますか。

B <ruby>私<rt>わたし</rt></ruby>は <ruby>恋人<rt>こいびと</rt></ruby>に たいてい <ruby>化粧品<rt>けしょうひん</rt></ruby>を あげます。

① <ruby>恋人<rt>こいびと</rt></ruby> / <ruby>化粧品<rt>けしょうひん</rt></ruby>

② <ruby>友<rt>とも</rt></ruby>だち / <ruby>ケーキ<rt>けき</rt></ruby>

③ <ruby>妹<rt>いもうと</rt></ruby>さん(<ruby>妹<rt>いもうと</rt></ruby>) / <ruby>スニーカー<rt>すにか</rt></ruby>

④ <ruby>弟<rt>おとうと</rt></ruby>さん(<ruby>弟<rt>おとうと</rt></ruby>) / <ruby>ギフト券<rt>ぎふとけん</rt></ruby>

Track 02-06

3

A 恋人(こいびと)に どんな ことを して あげましたか。

B 旅行(りょこう)に 行(い)って おいしい ものを 作(つく)って あげました。

① 恋人(こいびと) / 旅行(りょこう)に 行(い)って おいしい ものを 作(つく)る

② 友(とも)だち / 悩(なや)み事(ごと)を 4時間(よじかん)も 聞(き)く

③ お母(かあ)さん / 母(はは)の 好(す)きな ものを 買(か)う

④ お父(とう)さん / 父(ちち)の 会社(かいしゃ)まで 送(おく)る

Track 02-07

4

A 恋人(こいびと)が どんな ことを して くれましたか。

B 恋人(こいびと)が 車(くるま)で 家(いえ)まで 送(おく)って くれました。

恋人(こいびと)に 車(くるま)で 家(いえ)まで 送(おく)って もらいました。

① 恋人(こいびと) / 車(くるま)で 家(いえ)まで 送(おく)る

② 友(とも)だち / 晩(ばん)ごはんを おごる

③ お姉(ねえ)さん(姉(あね)) / 病院(びょういん)に 一緒(いっしょ)に 行(い)く

④ お兄(にい)さん(兄(あに)) / トイレの 掃除(そうじ)を する

연습착착

🔊 듣기연습

1. 다음을 잘 듣고 '친구에게 받은 선물'이 무엇인지 찾아 ○ 표시하세요.

a. (   )   b. (   )   c. (   )

^{どうりょう}
Hint
□ 同僚 동료

2. 다음을 잘 듣고 알맞게 대답한 사람을 찾아 ○ 표시하세요. 🎧 Track 02-09

❶ お^{べんとう}弁当は いつも 自^{じ ぶん}分で 作^{つく}りますか。

A (   )   B (   )

❷ 先^{せんせい}生の 誕^{たんじょうび}生日 プ^{ぷ れ ぜ ん と}レゼント、決^きめましたか。

A (   )   B (   )

Hint
□ いつも 항상
□ 自^{じ ぶん}分で 스스로
□ 決^きめる 정하다
□ ハンドクリーム
   핸드 크림
□ ネ^{ね く た い}クタイ 넥타이

✏ 쓰기연습

3. 다음 문장을 우리말로 해석하세요.

❶ 彼が　書いて　くれた　手紙です。

→ _____

Hint

☐ 手紙 편지

☐ かわいい 귀엽다

☐ ピアス 귀걸이

❷ 加藤さんに　道を　教えて　もらいました。

→ _____

❸ 恋人に　かわいい　ピアスを　買って　あげたいです。

→ _____

4. 다음 문장을 제시 단어를 사용하여 일본어로 작문하세요.

❶ 누나에게 도시락을 만들어 주었습니다. (〜て あげる)

→ _____

❷ 생일에 친구가 점심을 사 주었습니다. (〜て くれる)

→ _____

❸ 엄마가 새 컴퓨터를 사 주었습니다. (〜て もらう)

→ _____

❹ 과장님께서 점심을 사 주셨습니다. (〜て いただく)

→ _____

お酒を 飲むと 眠く なります。

술을 마시면 잠이 옵니다.

학습 목표

가정과 조건 표현을 익히고 문장을 말할 수 있다.

포인트

① ~と
② ~ば
③ ~たら
④ ~なら

☑ **복습** 다음 문장을 일본어로 말해 보세요.

☐ 언니한테 받은 것입니다.

☐ 일본 친구가 준 것입니다.

☐ 애인한테 편지를 써 줬습니다.

☐ 애인이 집까지 바래다 줬습니다.

Track 03-01

A 牛乳は 飲まないんですか。

B 私は 牛乳を 飲むと お腹が 痛く なるんです。

A 大丈夫？ 病院、行かなくても いい？

B 大丈夫。休めば 治るから。

A 12階に 着いたら、どう すれば いいですか。

B 着いたら ケータイに 電話して ください。

A この 近くに 大型スーパーは ありませんか。

B 大型スーパー なら
この 近くには ないと 思います。

word

□ 牛乳 우유

□ お腹 배

□ 痛い 아프다

□ ~く なる ~해지다,
　~하게 되다

□ 着く 도착하다

□ 大型スーパー 대형 마트

A와 B로 역할을 바꾸어 가며 말하기 연습을 해 보세요.

Ⓐ Track 03-02
Ⓑ Track 03-03

A 우유는 안 마시는 거예요?

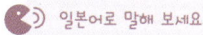 일본어로 말해 보세요.

B 저는 우유를 마시면 배가 아파지거든요.

A 괜찮아? 병원에 안 가도 돼?

B 괜찮아. 쉬면 나을 테니까.

A 12층에 도착하면 어떻게 하면 돼요?

B 도착하면 휴대폰으로 전화해 주세요.

A 이 근처에 대형 마트는 없나요?

B 대형 마트라면, 이 근처에는 없을 거라고 생각합니다.

문법톡톡

1 **～と** ~하면(필연적인 결과, 자연 현상)

「문장A**と**문장B」의 형태로 'A면 반드시 B', 'A면 꼭 B더라'라는 뜻의 문장을 만듭니다. ※ 반드시, 꼭, 절대로, 당연히

접속	예
동사 사전형	春になると 暖かく なります。 봄이 되면 따뜻해집니다.
동사 ない형	今 出かけないと 間に合いません。 지금 나가지 않으면 시간에 못 맞춥니다. ※ 窓を 開けると 外は 雨でした。 창문을 열었더니 밖은 비가 오고 있었습니다.

2 **～ば** ~라면, ~하면 (조건)

「문장A**ば**문장B」의 형태로 'A라는 조건이 되면 B'라는 뜻의 문장을 만듭니다. 이때 A는 B를 위한 해결책의 의미를 지니기도 합니다.

※ 어떻게 해야, 어떤 조건이어야

접속	예
명사· な형용사	学生 なら(ば) 無料です。 학생이면 무료입니다. ※ 【な형용사】だ + なら(ば)
い형용사	ネットより 安ければ 買います。 인터넷보다 싸면 살래요. ※ 【い형용사】い + ければ
동사	毎日 勉強すれば 日本語が 上手に なります。 매일 공부하면 일본어가 능숙해집니다. ※ 어미 う단 → え단 + ば

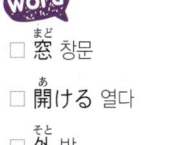

word

□ 窓 창문

□ 開ける 열다

□ 外 밖

□ 間に合う 시간에 맞추다

□ 無料 무료

문법톡톡

③ ~たら ~라면, ~하면 (완료, 가정)

「문장Aたら문장B」의 형태로 '(지금은 아니라도) 만약에 A면 B', 'A가 완료되면 그 다음에 B'라는 뜻의 문장을 만듭니다. ※ 만약에

접속	예
명사· な형용사	もし 留守<ruby>留守<rt>るす</rt></ruby>だったら ケータイに 電話<ruby>電話<rt>でんわ</rt></ruby>して ください. 만약에 부재중이라면 휴대폰으로 전화해 주세요. ※【な형용사】だ + だったら
い형용사	もし 暑<ruby>暑<rt>あつ</rt></ruby>かったら クーラーを つけて ください. 만약에 더우면 에어컨을 켜세요. ※【い형용사】い +かったら
동사	片付<ruby>片付<rt>かたづ</rt></ruby>けが 終<ruby>終<rt>お</rt></ruby>わったら 帰<ruby>帰<rt>かえ</rt></ruby>っても いいです. 정리가 끝나면 집에 가도 돼요. ※ 窓<ruby>窓<rt>まど</rt></ruby>を 開<ruby>開<rt>あ</rt></ruby>けたら 外<ruby>外<rt>そと</rt></ruby>は 雨<ruby>雨<rt>あめ</rt></ruby>でした. 창문을 열었더니 밖은 비가 오고 있었습니다. ※【동사 た형】+ ら

④ ~なら ~라면, ~하면 (의제 설정)

「문장Aなら문장B」의 형태로 말하는 사람이 의제를 설정하고, 초점을 맞추고 싶은 곳에 붙여 말합니다. ※ 그거라면, 그렇다면

접속	예
모든 품사의 보통형	日本<ruby>日本<rt>にほん</rt></ruby>に 行<ruby>行<rt>い</rt></ruby>く なら 4月<ruby>月<rt>がつ</rt></ruby>が いいです. 일본에 갈 거라면 4월이 좋습니다.
	薬<ruby>薬<rt>くすり</rt></ruby>を 飲<ruby>飲<rt>の</rt></ruby>んで いる なら お酒<ruby>酒<rt>さけ</rt></ruby>は 飲<ruby>飲<rt>の</rt></ruby>まないで ください. 약을 먹고 있다면 술은 마시지 마세요.

☐ もし 만약

☐ 留守<ruby>留守<rt>るす</rt></ruby> 부재중

☐ クーラー 에어컨

☐ 片付<ruby>片付<rt>かたづ</rt></ruby>け 정리

문법 정리

→ 가정 표현 접속 형태별 정리(긍정 · 부정)

	～と	～ば	～たら	～なら
명사	～だと	～なら(ば)	～だったら	～なら, ～だったなら
な형용사	어미 だ + と	어미 ~~だ~~ + なら(ば)	어미 ~~だ~~ + だったら	어미 ~~だ~~ + なら, 어미 ~~だ~~ + だったなら
い형용사	어미 い + と	어미 ~~い~~ + ければ	어미 ~~い~~ + かったら	어미 い + なら, 어미 ~~い~~ + かったなら
동사	【사전형】 + と	어미 う단 → え단 + ば	【동사 た형】 + ら	【사전형】 + なら, 【동사 た형】 + なら

	～と	～ば	～たら	～なら
명사	～じゃないと	～じゃなければ	～じゃなかったら	～じゃないなら, ～じゃなかったなら
な형용사	어미 ~~だ~~ + じゃないと	어미 ~~だ~~ + じゃなければ	어미 ~~だ~~ + じゃなかったら	어미 ~~だ~~ + じゃないなら, 어미 ~~だ~~ + じゃなかったなら
い형용사	어미 ~~い~~ + くないと	어미 ~~い~~ + くなければ	어미 ~~い~~ + くなかったら	어미 ~~い~~ + くないなら, 어미 ~~い~~ + くなかったなら
동사	어미 う단 → あ단 + ないと	어미 う단 → あ단 + なければ	어미 う단 → あ단 + なかったら	어미 う단 → あ단 + ないなら, 어미 う단 → あ단 + なかったなら

패턴콕콕

💬 주어진 단어와 표현을 활용하여 패턴 연습을 해 보세요.

🎧 Track 03-04

1

A　この ワイン、飲んで みませんか。

B　すみません。私は ワインを 飲むと 眠く なるんです。

① ワイン / 飲む / 眠く なる

② チョコレート / 食べる / お腹が 痛く なる

③ 香水 / つける / 頭が 痛く なる

④ 観覧車 / (に) 乗る / めまいが する

□ 眠い 졸리다
□ チョコレート 조콜릿
□ 香水を つける
　香수를 뿌리다
□ 観覧車 관람차
□ めまいが する
　현기증이 나다

🎧 Track 03-05

2

A　どう すれば 体調が よくなりますか。

B　病院に 通えば、よくなると 思います。

① 病院に 通う

② サプリメントを 飲む

③ 体に いい ものを 食べる

④ 規則正しい 生活を する

□ サプリメント 영양제
□ 規則正しい 生活
　규칙적인 생활

🎧 Track 03-06

3

A いつ 電話すれば いいですか。

B 仕事が 終わったら 電話して ください。

① 仕事が 終わる

② 駅に 着く

③ 家を 出る

④ バスを 降りる

 word

□ 家を 出る
집에서 나오다

□ バスを 降りる
버스에서 내리다

🎧 Track 03-07

4

A 日本語を 習いたいんですが、どう すれば いいですか。

B 日本語を 習いたいなら、

日本語学校に 行って みたら どうですか。

① 日本語を 習いたい / どう する / 日本語学校に 行って みる

② 部長に あげたい / お土産に 何を 買う / 課長に 聞いて みる

③ 日本の 小説に 興味が ある / 何を 読む / この 本を 読んで みる

④ お湯が 出ない / 誰に 聞く / フロントに 電話して みる

 word

□ 小説 소설

□ 興味 흥미

□ お湯 뜨거운 물

□ フロント 프런트

🎧 듣기연습

1. 알레르기 증상에 대해 이야기합니다. 잘 듣고 먹으면 배가 아파지는 음식을 찾아 ○ 표시하세요.　　🎧 Track 03-08

a.　　　　　　　b.　　　　　　　c.

（　　　）　　　（　　　）　　　（　　　）

Hint

□ 牛肉 소고기

2. 다음을 잘 듣고 알맞게 대답한 사람을 찾아 ○ 표시하세요.　　🎧 Track 03-09

❶ 大丈夫ですか。薬、飲まなくても いいですか。

A（　　　　）　　　B（　　　　）

❷ サンダルが ほしいんですが、どこで 買えば いいですか。

A（　　　　）　　　B（　　　　）

Hint

□ サンダル 샌들

✏️ 쓰기연습

3. 다음 문장을 우리말로 해석하세요.

❶ 彼女（かのじょ）が いないと 困（こま）ります。

→ _____

Hint

□ 困（こま）る 곤란하다,
　　난처하다

□ 風（かぜ） 바람

❷ 風邪（かぜ）を ひいたなら 早（はや）く 帰（かえ）って 休（やす）んで ください。

→ _____

❸ 窓（まど）を 開（あ）けたら 涼（すず）しい 風（かぜ）が 入（はい）って 来（き）ました。

→ _____

4. 다음 문장을 제시 단어를 사용하여 일본어로 작문하세요.

❶ 술을 마시면 머리가 아파집니다. (～と)

→ _____

❷ 어떻게 하면 일본어가 능숙해지나요? (～ば)

→ _____

❸ 만약에 부재중이면 휴대폰으로 전화해 주세요. (～たら)

→ _____

❹ 혼자서 여행을 할 거면 일본이 좋습니다. (～なら)

→ _____

CHAPTER
04

すこ き と
少し 聞き取れる ように
なりました。

조금 알아들을 수 있게 되었습니다.

학습 목표
가능형 동사를 익히고 문장으로 말할 수 있다.

포인트
① 가능형 동사
② 가능형 문장 만들기
③【동사 사전형】+ことが できる
④【가능형 동사】+ように なる

☑ **복습** 다음 문장을 일본어로 말해 보세요.

☐ 술을 마시면 졸려집니다.

☐ 어떻게 하면 되나요?

☐ 끝나면 맛있는 것을 먹고 싶습니다.

☐ 다이어트를 할 거면 운동을 하세요.

 Track 04-01

word

□ 少し 조금

□ プール 수영장, 풀장

□ できる 할 수 있다,
　생기다, 완성되다

□ 聞き取る 알아듣다

A　英語が 話せますか。

B　少し 話せます。

A　水泳が できますか。

B　プールで 泳ぐ こと なら できます。

A　日本語が お上手ですね。
　　どうやって 勉強しましたか。

B　日本の ドラマを 毎日 見て いたら、
　　聞き取れる ように なりました。

💬 A와 B로 역할을 바꾸어 가며 말하기 연습을 해 보세요.　🎧  Ⓐ Track 04-02
　　　　　　　　　　　　　　　　　　　　　　　　　　　 Ⓑ Track 04-03

A　영어로 말할 수 있나요?

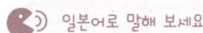 일본어로 말해 보세요.

B　조금 말할 수 있습니다.

A　수영을 할 수 있습니까?

B　수영장에서 하는 거라면 할 수 있습니다.

A　일본어를 잘하시네요.

어떻게 공부했어요?

B　일본 드라마를 매일 봤더니,

알아들을 수 있게 되었습니다.

1 가능형 동사

그룹	형태	예
1그룹	어미 う단 → え단 +る	使^{つか}う → 使^{つか}える 쓸 수 있다
		持^もつ → 持^もてる 들 수 있다
		乗^のる → 乗^のれる 탈 수 있다
		飲^のむ → 飲^のめる 마실 수 있다
		呼^よぶ → 呼^よべる 부를 수 있다
		聞^きく → 聞^きける 들을 수 있다
		泳^{およ}ぐ → 泳^{およ}げる 헤엄칠 수 있다
		話^{はな}す → 話^{はな}せる 이야기할 수 있다
2그룹	어미 る +られる	見^みる → 見^みられる 볼 수 있다
		寝^ねる → 寝^ねられる 잘 수 있다
3그룹	불규칙적	する → できる 할 수 있다
		来^くる → 来^こられる 올 수 있다

□ 呼^よぶ 부르다

2 가능형 문장 만들기

ケータイで テレビを 見る。 휴대폰으로 TV를 본다.

→ ケータイで テレビが 見られる。 휴대폰으로 TV를 볼 수 있다.

兄は ピアノが 弾けます。 형은 피아노를 칠 수 있습니다.

姉は 辛いものが 食べられません。 언니는 매운 걸 못 먹습니다.

Tip
조사 を를 쓰지 않는 동사의 경우 원래 쓰던 조사를 그대로 씁니다.

自転車に 乗れますか。 (O) 자전거 탈 수 있어요?

自転車が 乗れますか。 (X)

3 【동사 사전형】+ことが できる ~하는 것을 할 수 있다

料理を 作る。 요리를 만들다.

→ 料理が 作れる。 요리를 만들 수 있다.

→ 料理を 作る ことが できる。 요리를 만드는 것이 가능하다.

パスタを 作る ことは できますが、
おいしく 作る ことは できません。

파스타를 만드는 것은 할 수 있지만 맛있게 만드는 것은 못 합니다.

プールで 泳ぐ ことは できますが、
海で 泳ぐ ことは できません。

수영장에서 헤엄치는 것은 할 수 있지만, 바다에서 헤엄치는 것은 못 합니다.

word

□ ピアノを 弾く
피아노를 치다

□ 辛い 맵다

□ パスタ 파스타

4 【가능형 동사】+ ように なる ~할 수 있게 되다

ひらがなが 読めなかった。(과거) → ひらがなが 読める。(현재)

ひらがなが 読める ように なりました。 히라가나를 읽을 수 있게 되었습니다.

ケータイで いろんな ことが できる ように なりました。

휴대폰으로 여러 가지 일들을 할 수 있게 되었습니다.

日本語が 上手に 話せる ように なりたいです。

일본어를 능숙하게 말할 수 있게 되고 싶습니다.

※ 가능형 동사의 응용

사전형	가능형	~ない	~ます	~て	~た
行く	行ける	行けない	行けます	行けて	行けた
話す	話せる	話せない	話せます	話せて	話せた
見る	見られる	見られない	見られます	見られて	見られた
する	できる	できない	できます	できて	できた
来る	来られる	来られない	来られます	来られて	来られた

패턴콕콕

💬 주어진 단어와 표현을 활용하여 패턴 연습을 해 보세요.

🎧 Track 04-04

1

A 料^{りょう}理^りが できますか。

B はい、パスタなら 作^{つく}れます。

① 料^{りょう}理^り / パ^ぱス^すタ^た / 作^{つく}る

② ス^すポ^ぽー^っツ / バ^ばス^すケ^け / する

③ ギ^ぎタ^たー / 簡^{かん}単^{たん}な 曲^{きょく} / 弾^ひく

④ 運^{うん}転^{てん} / 近^{ちか}い 距^{きょ}離^り / する

word
- □ スポーツ 스포츠
- □ バスケ 농구 (バスケットボール의 준말)
- □ ギター 기타
- □ 曲 곡
- □ 内容 내용
- □ 距離 거리

🎧 Track 04-05

2

A 水^{すい}泳^{えい}が できますか。

B プ^ぷー^るルで 泳^{およ}ぐ こと なら できます。

① 水^{すい}泳^{えい} / する / プ^ぷー^るルで 泳^{およ}ぐ

② 英^{えい}語^ごの メ^めー^るル / 書^かく / 辞^じ書^{しょ}を ひいて 書^かく

③ カ^かレ^れー / 作^{つく}る / レ^れシ^しピ^びを 見^みて 作^{つく}る

④ ピ^ぴア^あノ^の / 弾^ひく / 楽^{がく}譜^ふを 見^みて 弾^ひく

word
- □ メール 메일
- □ 辞書を ひく 사전을 찾다
- □ レシピ 레시피
- □ 楽譜 악보

44

🎧 Track 04-06

3

A　中国語が 聞き取れますか。

B　はい、聞き取れます。

　　いいえ、全然 聞き取れません。

① 中国語 / 聞き取る

② ワープロ / 使う

③ 焼酎 / 飲む

④ スキー / する

word
□ 中国語 중국어
□ ワープロ
　　워드 프로세서
□ スキー 스키

🎧 Track 04-07

4

A　ケータイで 何が できる ように なりましたか。

B　ネットバンクが 使える ように なりました。

① ケータイで / ネットバンク / 使う

② 大人に なって / ブラックコーヒー / 飲む

③ 社会人に なって / 運転 / する

④ 日本語を 習って / 日本人の 友だちと 日本語で 話す

word
□ ネットバンク
　　인터넷 뱅킹
□ 大人 어른
□ 社会人 사회인, 직장인

연습착착

듣기연습

1. 다음을 잘 듣고 '할 수 없는 일'을 나타낸 그림을 찾아 ○ 표시하세요.

Track 04-08

a. (   )　　b. (   )　　c. (   )

Hint

□ バドミントン
　 배드민턴

□ サッカー 축구

□ テニス 테니스

□ 練習 연습

2. 다음을 잘 듣고 먹을 수 있게 된 것을 찾아 ○ 표시하세요.

Track 04-09

❶ (   )　　❷ (   )　　❸ (   )

Hint

□ よく 잘, 자주

□ ワイン 와인

□ 昔 옛날

□ 最高 최고

✏️ 쓰기연습

3. 다음 문장을 우리말로 해석하세요.

❶ 焼酎は 飲めますが、ビールは 飲めません。

→ _____

❷ ここでは 本を 借りる ことが できます。

→ _____

❸ 日本語が 聞き取れる ように なりたいです。

→ _____

4. 다음 문장을 일본어로 작문하세요.

❶ 저는 매운 것을 못 먹습니다.

→ _____

❷ 간단한 요리라면 만들 수 있습니다.

→ _____

❸ 여기에서는 책을 사는 것은 할 수 없습니다.

→ _____

❹ 일본어를 능숙하게 말할 수 있게 되고 싶습니다.

→ _____

免許を 取ろうと 思って います。

면허를 따려고 생각 중입니다.

학습 목표
동사의 의지형과 계획에 관련된 표현을 익히고 문장으로 말할 수 있다.

포인트
① 동사의 의지형
② 【동사 의지형】+と 思う
③ 【동사 의지형】+と 思って いる
④ 【동사 사전형】+つもりだ
⑤ 【동사 사전형】+予定だ

☑ **복습** 다음 문장을 일본어로 말해 보세요.

☐ 매운 것을 먹을 수 있나요?

☐ 저는 소주를 못 마십니다.

☐ 파스타라면 만들 수 있습니다.

☐ 자전거를 탈 수 있게 되고 싶습니다.

🎧 Track 05-01

A 夏休みに 何を しますか。

B 家族で 旅行に 行こうと 思って います。

A 卒業したら 何が したいですか。

B 私は 大学院に 進もうと 思って います。

A 結婚の 話は して いますか。

B いいえ、私は 結婚しない つもり なんです。

A 藤井さんは いつ 出張から 戻りますか。

B 月曜日に 戻って 来る 予定です。

word

☐ 夏休み
여름 휴가, 여름 방학

☐ 家族 가족

☐ 卒業 졸업

☐ 大学院に 進む
대학원에 진학하다

☐ 話 이야기

☐ つもり 예정, 작정

☐【명사・な형용사】
+なんです ~거든요

☐ 予定 일정, 스케줄

A와 B로 역할을 바꾸어 가며 말하기 연습을 해 보세요.  Ⓐ Track 05-02
Ⓑ Track 05-03

A 여름 휴가 때 뭐해요?

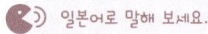 일본어로 말해 보세요.

B 가족끼리 여행 가려고 생각 중입니다.

A 졸업하면 뭐 하고 싶어요?

B 저는 대학원에 진학하려고 생각 중입니다.

A 결혼 이야기는 하고 있나요?

B 아니요, 저는 결혼 안 할 생각이거든요.

A 후지이 씨는 언제 출장에서 돌아오나요?

B 월요일에 돌아올 예정입니다.

문법톡톡

1 동사의 의지형

(1) ～해야지: 혼잣말로 말할 때

(2) ～하자: 다른 사람에게 말할 때

그룹	형태	예
1그룹	어미 う단 → お단 + う	習う → 習おう 배워야지, 배우자
		待つ → 待とう 기다려야지, 기다리자
		乗る → 乗ろう 타야지, 타자
		飲む → 飲もう 마셔야지, 마시자
		遊ぶ → 遊ぼう 놀아야지, 놀자
		書く → 書こう 써야지, 쓰자
		話す → 話そう 이야기해야지, 이야기하자
2그룹	어미 る +よう	捨てる → 捨てよう 버려야지, 버리자
		受ける → 受けよう 받아야지, 받자
3그룹	불규칙적	する → しよう 해야지, 하자
		来る → 来よう 와야지, 오자

今日は カフェに 行って 仕事しよう。

오늘은 카페에 가서 일해야지 / 일하자.

今日は 早く 帰ろう。 오늘은 빨리 귀가해야지 / 귀가하자.

お昼は おいしい ものを 食べよう。 점심은 맛있는 거 먹어야지 / 먹자.

明日は 歩いて 来よう。 내일은 걸어서 와야지 / 오자.

□ 受ける
(수업, 수술 등을) 받다,
(면접 등을) 보다

2 【동사 의지형】+ と 思う ~하려고 하다

行こうと 思う。

'가야지'라고 생각한다 = 가려고 한다.

今から コンビニへ 行こうと 思います。

지금 편의점에 가려고 합니다.

仕事が 終わったら 食べようと 思います。

일이 끝나면 먹으려고 합니다.

3 【동사 의지형】+ と 思って いる ~하려고 (이전부터) 생각 중이다

行こうと 思って いる。

'가야지'라고 생각 중이다 = 가려고 생각 중이다.

今度の 日曜日には 海へ 行こうと 思って います。

이번 일요일에는 바다에 가려고 생각하고 있습니다(이전부터 생각 중이다).

タバコを やめようと 思って います。

담배를 끊으려고 (이전부터) 생각하고 있습니다.

④ 【동사 사전형】+ つもりだ ~할 생각이다

뜻	~할 생각이다	~하지 않을 생각이다
표현	~つもりだ	~ない つもりだ
예	買う つもりだ。 살 생각이다.	買_かわない つもりだ。 사지 않을 생각이다.

今度_{こんど}の 日曜日_{にちようび}には 海_{うみ}へ 行_いく つもりです。

이번 일요일에는 바다에 갈 생각입니다

新_{あたら}しい ケータイを 買_かう つもりです。 새 휴대폰을 살 생각입니다.

この 夏_{なつ}には 水泳_{すいえい}を 習_{なら}う つもりです。 올 여름에는 수영을 배울 생각입니다.

もう あの 人_{ひと}とは 会_あわない つもりです。

이제 그 사람과는 만나지 않을 생각입니다.

 **Tip** つもり는 하려고 마음먹은 생각, 다짐, 결심한 것을 뜻합니다.

⑤ 【동사 사전형】+ 予定_{よてい}だ ~할 예정이다

今度_{こんど}の 日曜日_{にちようび}には 日本_{にほん}に 行_いく 予定_{よてい}です。

이번 일요일에는 일본에 갈 예정입니다.

飛行機_{ひこうき}は 4時_{よじ}に 着_つく 予定_{よてい}です。 비행기는 4시에 도착할 예정입니다.

20日_{はつか}に 戻_{もど}って 来_くる 予定_{よてい}です。 (스케줄상으로는) 20일에 돌아올 예정입니다.

 **Tip** 予定_{よてい}는 정해진 약속, 잡힌 일정, 스케줄을 뜻합니다. 즉, 자기 자신의 의지나 계획으로 말하고자 하는 의도가 아니라는 것을 알 수 있습니다.

□ 飛行機_{ひこうき} 비행기

💬 주어진 단어와 표현을 활용하여 패턴 연습을 해 보세요.

🎧 Track 05-04

1

A 授業が 終わったら 何を しますか。

B 今日は 早く 帰って 家の 掃除を しようと
思って います。

① 早く 帰って 家の 掃除を する

② 一人で 映画を 見に 行く

③ 友だちに 会って おいしい ものを 食べる

④ スーパーで 買い物を してから 帰る

🎧 Track 05-05

2

A 今年は 健康の ために 何を したいですか。

B 今年は 健康の ために ダイエットを する つもりです。

① 健康 / ダイエットを する

② 自分 / お酒を 飲まない

③ 就職 / 外国語を 習う

④ 家族 / タバコを 吸わない

word

☐ 健康 건강

☐ 【명사】+の ために
　〜을 위해서

🎧 Track 05-06

3

A タバコ、吸わないんですか。

B ええ、家族の ために 吸わない つもりです。

① タバコ / 吸う / 家族

② お酒 / 飲む / 健康

③ パン / 食べる / ダイエット

④ 新しい スマホ / 買う / 節約

🔵 word

□ 節約 절약

🎧 Track 05-07

4

A 今度の 土曜日、何か 予定が ありますか。

B 土曜日は 同僚の 結婚式に 行く 予定です。

① 今度の 土曜日 / 同僚の 結婚式に 行く

② 明日 / 友だちと 展覧会に 行く

③ 今週末 / 日本に 出張する

④ 連休に / 目の 手術を 受ける

🔵 word

□ 展覧会 전람회, 전시회

□ 手術 수술

🎧 듣기연습

1. 다음을 잘 듣고 '겨울에 하기로 마음먹은 일'이 무엇인지 찾아 〇 표시하세요.

🎧 Track 05-08

a. ( )　　b. ( )　　c. ( )

Hint

□ 中国語を 始める
　중국어를 시작하다

□ 料理を 習う
　요리를 배우다

□ 免許を 取る
　면허를 따다

2. 다음을 잘 듣고 '곤란해진 사람'이 누구인지 찾아 〇 표시하세요. 🎧 Track 05-09

a. 木村：トイレに 行って 来たら 5時でした。　　( )

b. 山田：バスの 中で 寝て いたら 5時でした。　　( )

c. 藤井：9時半に 学校で 先生に 会う 予定です。　　( )

Hint

□ 停車 정차

□ 出発 출발

□ ～半 ~반

✏️ 쓰기연습

3. 다음 문장을 우리말로 해석하세요.

❶ ダイエットを しようと 思って います。

→ _____

❷ 明日から タバコを 吸わない つもりです。

→ _____

❸ 9月 10日から 出張に 行く 予定です。

→ _____

4. 다음 문장을 일본어로 작문하세요.

❶ 요리 교실에 다니려고 생각하고 있습니다.

→ _____

❷ 12월에 일본어능력시험을 응시하려고 생각 중입니다.

→ _____

❸ 회사를 그만둘 생각입니다.

→ _____

❹ 짐은 화요일까지 도착할 예정입니다.

→ _____

Hint

□ 料理教室 요리 교실

□ 日本語能力試験
　일본어능력시험

□ やめる 그만두다

□ 届く (보낸 것이) 도착하다

風邪を ひいた みたいです。
かぜ

감기에 걸린 것 같습니다.

학습 목표
추측과 전언 표현을 익히고 문장을 말할 수 있다.

포인트
① ～そうだ
② ～ようだ
③ ～みたいだ
④ ～らしい
⑤【보통형】＋そうだ(전언)

☑ **복습** 다음 문장을 일본어로 말해 보세요.

☐ 집에서 푹 쉬려고 합니다.

☐ 청소를 하려고 생각 중입니다.

☐ 아무것도 안 먹을 생각입니다.

☐ 비행기는 4시에 도착할 예정입니다.

 Track 06-01

A 眠そうですね。どうしたんですか。

B 徹夜して、今日、全然 寝て いないんです。

A キム 先生は 来て いない ようです。

B 今日は 授業が ない みたいですね。

A 駅前に ラーメン屋が できた そうです。

B そうそう。
今、オープンイベントを やって いる らしいよ。

word

- [ ] どうしたんですか
  무슨 일 있어요?
- [ ] 徹夜 밤샘 근무
- [ ] 駅前 역 앞
- [ ] ラーメン屋 라면집
- [ ] オープンイベント
  오픈 이벤트
- [ ] やる 하다

A와 B로 역할을 바꾸어 가며 말하기 연습을 해 보세요. 🎧 Ⓐ Track 06-02
　　　　　　　　　　　　　　　　　　　　　　　　　　　　Ⓑ Track 06-03

A 졸린 것 같네요. 무슨 일 있어요?

🗣 일본어로 말해 보세요.

B 밤샘 근무를 해서, 오늘 전혀 안 잤습니다.

A 김 선생님은 안 왔나 봅니다.

B 오늘은 수업이 없는 것 같아요.

A 역 앞에 라면집이 생겼다고 합니다.

B 맞아 맞아.

　　지금 오픈 이벤트를 하고 있다나 봐.

1 ～そうだ ～일 것 같다, ～해 보인다

～そうだ는 직감적인 느낌과 이미지만으로 추측할 때에 사용하는 표현입니다.

접속	예
な형용사	**真面目そうだ。** 성실해 보인다.
い형용사	**おいしそうだ。** 맛있겠다.
동사	**泣きそうだ。** (곧) 울 것 같다. ※【동사 ます형】+そうだ

▶ ～そうです

今にも 雨が 降りそうです。 지금이라도 비가 올 것 같습니다.

▶ ～そうな +【명사】

おいしそうな ケーキ。 맛있어 보이는 케이크.

▶ ～そうに +【동사·형용사】

写真では 仲が よさそうに 見えます。 사진에서는 사이가 좋아 보입니다.

❶ '～일 것 같다'의 ～そうだ 앞에 과거형은 올 수 없습니다.

❷ ～そうだ의 부정형은 다음과 같습니다.

元気じゃなさそうだ。 기운 없어 보인다.

おいしくなさそうだ。 맛있지 않을 것 같다.

泣きそうにない。 울 것 같지 않다.

※【동사 ます형】+そうにない

□ 泣く 울다

□ 仲が いい 사이가 좋다

□ 見える 보이다

문법톡톡

② ~ようだ ~인 것 같다, ~인 모양이다

접속	예
모든 품사의 보통형	留守^{るす}の ようだ。 부재중인 모양이다. ※【명사】+のようだ
	好き^すな ようだ。 좋아하는 것 같다. ※【な형용사】だ + な ようだ
	いい ようだ。 좋은 것 같다.
	泣^ないて いる ようだ。 울고 있는 것 같다.

▶ ~ようです

彼^{かれ}は もう 帰^{かえ}った ようです。 그는 벌써 집에 간 모양입니다.

▶ ~ような +【명사】

浅草^{あさくさ}は 韓国^{かんこく}の インサドン^{いんさどん}の ような ところです。

아사쿠사는 한국의 인사동 같은 곳입니다.

▶ ~ように +【동사 · 형용사】

彼女^{かのじょ}は まるで 日本人^{にほんじん}の ように 日本語^{にほんご}が 上手^{じょうず}です。

그녀는 마치 일본인처럼 일본어를 잘합니다.

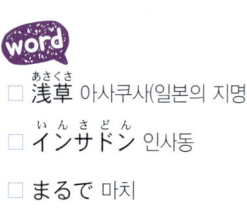

□ 浅草^{あさくさ} 아사쿠사(일본의 지명)

□ インサドン^{いんさどん} 인사동

□ まるで 마치

3 ~みたいだ (＝ようだ) ~인 것 같다, ~인 모양이다

접속	예
모든 품사의 보통형	留守みたいだ。부재중인 모양이다.
	好きみたいだ。좋아하는 것 같다.
	いいみたいだ。좋은 것 같다.
	泣いているみたいだ。울고 있는 것 같다.

▶ ~みたいです

彼はもう帰ったみたいです。 그는 벌써 집에 간 것 같습니다.

▶ ~みたいな ＋【명사】

浅草は韓国のインサドンみたいなところです。

아사쿠사는 한국의 인사동 같은 곳입니다.

▶ ~みたいに ＋【동사・형용사】

彼女はまるで日本人みたいに日本語が上手です。

그녀는 마치 일본인처럼 일본어를 잘합니다.

 Tip

~ようだ, ~みたいだは 비유 표현으로 쓸 수 있습니다.

まるで人形のようだ。마치 인형 같다.
まるで人形のような赤ちゃん。마치 인형 같은 아기.
まるでモデルのようだ。마치 모델 같다.
まるでモデルのようにかっこいい。마치 모델처럼 멋있다.

word

□ 人形 인형

□ 赤ちゃん 아기

□ モデル 모델

□ かっこいい 멋있다

4 ~らしい ~인 것 같다, ~라는 것 같다, ~답다

접속	예
모든 품사의 보통형	留守(るす) らしい。 부재중인 것 같다.
	好(す)き らしい。 좋아한다는 것 같다.
	いい らしい。 좋다는 것 같다.
	泣(な)いて いる らしい。 울고 있는 것 같다.

▶ ~らしいです

今日(きょう)は 授業(じゅぎょう)が ない らしいです。 오늘은 수업이 없다는 것 같습니다.

▶ ~らしい +【명사】

子(こ)ども らしい 子(こ)ども。 어린이다운 어린이.

▶ ~らしく +【동사】

自分(じぶん) らしく 生(い)きて いきたい。 나답게 살아가고 싶다.

Tip
~らしい는 명사와 함께 쓰일 때 '~답다', '~스럽다'라는 뜻으로 쓸 수도 있습니다.

子(こ)ども らしい。 어린이답다, 아이답다.

自分(じぶん) らしい。 나답다.

5 【보통형】+そうだ ~라고 한다(전문)

접속	예
모든 품사의 보통형	留守<ruby>留守<rt>るす</rt></ruby>だ そうだ。 부재중이라고 한다. ※【명사】+だそうだ
	好<ruby>好<rt>す</rt></ruby>きだ そうだ。 좋아한다고 한다. ※【な형용사】だ+そうだ
	いい そうだ。 좋다고 한다.
	泣<ruby>泣<rt>な</rt></ruby>いて いる そうだ。 울고 있다고 한다.

▶ ~そうです

天気予報<ruby>天気予報<rt>てんきよほう</rt></ruby>に よると 雨<ruby>雨<rt>あめ</rt></ruby>が 降<ruby>降<rt>ふ</rt></ruby>る そうです。

일기예보에 의하면 비가 온다고 합니다.

あの 店<ruby>店<rt>みせ</rt></ruby>は チーズケーキ<ruby>チ<rt>ち</rt></ruby><ruby>ズ<rt>ず</rt></ruby><ruby>ケ<rt>け</rt></ruby><ruby>キ<rt>き</rt></ruby>が おいしい そうです。

저 가게는 치즈케이크가 맛있다고 합니다.

彼女<ruby>彼女<rt>かのじょ</rt></ruby>は クラス<ruby>ク<rt>く</rt></ruby><ruby>ラ<rt>ら</rt></ruby><ruby>ス<rt>す</rt></ruby>で 一番<ruby>一番<rt>いちばん</rt></ruby> 頭<ruby>頭<rt>あたま</rt></ruby>が いい そうです。

그녀는 반에서 제일 머리가 좋다고 합니다.

word

☐ 天気予報<ruby>天気予報<rt>てんきよほう</rt></ruby> 일기예보

☐ ~に よると ~에 의하면

☐ 店<ruby>店<rt>みせ</rt></ruby> 가게

☐ クラス<ruby>ク<rt>く</rt></ruby><ruby>ラ<rt>ら</rt></ruby><ruby>ス<rt>す</rt></ruby> 클래스, 반

☐ 頭<ruby>頭<rt>あたま</rt></ruby>が いい 머리가 좋다

패턴콕콕

💬 주어진 단어와 표현을 활용하여 패턴 연습을 해 보세요.

🎧 Track 06-04

1

A 彼女の 第一印象は どうでしたか。

B 最初は 冷た そうでしたが、今は 優しい 人だと 思います。

① 冷たい / 優しい

② 真面目だ / 厳しい

③ 気難しい / 几帳面だ

④ 静かだ / 大人しい

🎧 Track 06-05

word
- □ 第一印象 첫인상
- □ 冷たい 차갑다, 냉정하다
- □ 厳しい 엄하다
- □ 気難しい 성미가 까다롭다
- □ 几帳面だ 꼼꼼하다
- □ 大人しい 어른스럽다

2

A 店の 電気が 消えて いるんです。

B 今日は 休みの ようですね。

① 店の 電気が 消えて いる / 今日は 休みだ

② 外国人に 道を 教えて いる / 英語が 上手だ

③ 何回か 電話しても 電話に 出ない / 席に いない

④ 何回か メッセージを 送っても 返事が ない / まだ 寝て いる

word
- □ 消える 꺼지다
- □ 何回か 몇 번인가
- □ 電話に 出る 전화를 받다
- □ 席 자리
- □ メッセージ 메시지
- □ 返事 답장, 대답

🎧 Track 06-06

3

A あの 人、日本に 行った らしいですよ。

B えっ、本当ですか。

A どうやら 日本の 大学に 受かった みたいです。

B それは よかったですね。

① 日本に 行く / 日本の 大学に 受かる / よかった

② ケータイを 無くす / 中に 大事な 写真が ある / 大変だ

③ マンションを 買う / 宝くじに 当たる / うらやましい

④ 恋人と 別れる / お互い 飽きる / 寂しい

word
- □ 大学 대학
- □ 受かる 합격하다
- □ 大事だ 중요하다
- □ マンション 맨션
- □ うらやましい 부럽다
- □ お互い 서로
- □ 飽きる 질리다
- □ 寂しい 쓸쓸하다

🎧 Track 06-07

4

A 週末の 天気は どうですか。

B 天気予報に よると、土日 ずっと 雨だ そうです。

① 週末の 天気 / 天気予報 / 土日 ずっと 雨だ

② 日帰り旅行で 鎌倉 / ネット / 東京から 近くて いい

③ 駅前に ある 居酒屋 / 藤井さんの 話 / 安くて おいしい

④ 新しく できた ジム / 友だちの 話 / いつも 込んで いる

word
- □ 日帰り旅行 당일치기 여행
- □ 鎌倉 가마쿠라(일본의 지명)
- □ 込む 붐비다, 혼잡하다

🔊 듣기연습

1. 다음을 잘 듣고 들려 주는 내용과 그림이 일치하면 ◯, 다르면 ✕ 표시하세요.

Track 06-08

❶ (   )　　　❷ (   )　　　❸ (   )

Hint

□ 今^{いま}にも 금방이라도

2. 다음을 잘 듣고 들려 주는 내용과 다른 것을 찾아 ◯ 표시하세요. 🎧 Track 06-09

a. 会社^{かいしゃ}まで 地下鉄^{ちかてつ}で 来^くる らしいです。　　　(   )

b. 家^{いえ}から 会社^{かいしゃ}まで 1時間^{いちじかん}ぐらい かかる みたいです。 (   )

c. 家^{いえ}から 駅^{えき}まで 遠^{とお}くて 不便^{ふべん}だそうです。　　　(   )

Hint

□ ～ぐらい ～정도

□ かかる 걸리다

□ 遠^{とお}い 멀다

□ 不便^{ふべん}だ 불편하다

68

쓰기연습

3. 다음 문장을 우리말로 해석하세요.

❶ 雨が 降り そうだったから、傘を 買いました。

→ _____

Hint
□ 歌手 가수

❷ 天気予報に よると 明日から 雨が 降る そうです。

→ _____

❸ まるで 歌手の ように 歌が 上手です。

→ _____

4. 다음 문장을 일본어로 작문하세요.

❶ 맛있어 보이는 케이크네요.

→ _____

Hint
□ 海外に 住んで いる
해외에 살고 있다
□ 結婚して いる
결혼했다
(결혼한 상태, 기혼)

❷ 가족은 모두 해외에 살고 있나 봅니다.

→ _____

❸ 선생님은 결혼했다는 것 같습니다.

→ _____

❹ 다음 주 금요일은 수업이 없다고 합니다.

→ _____

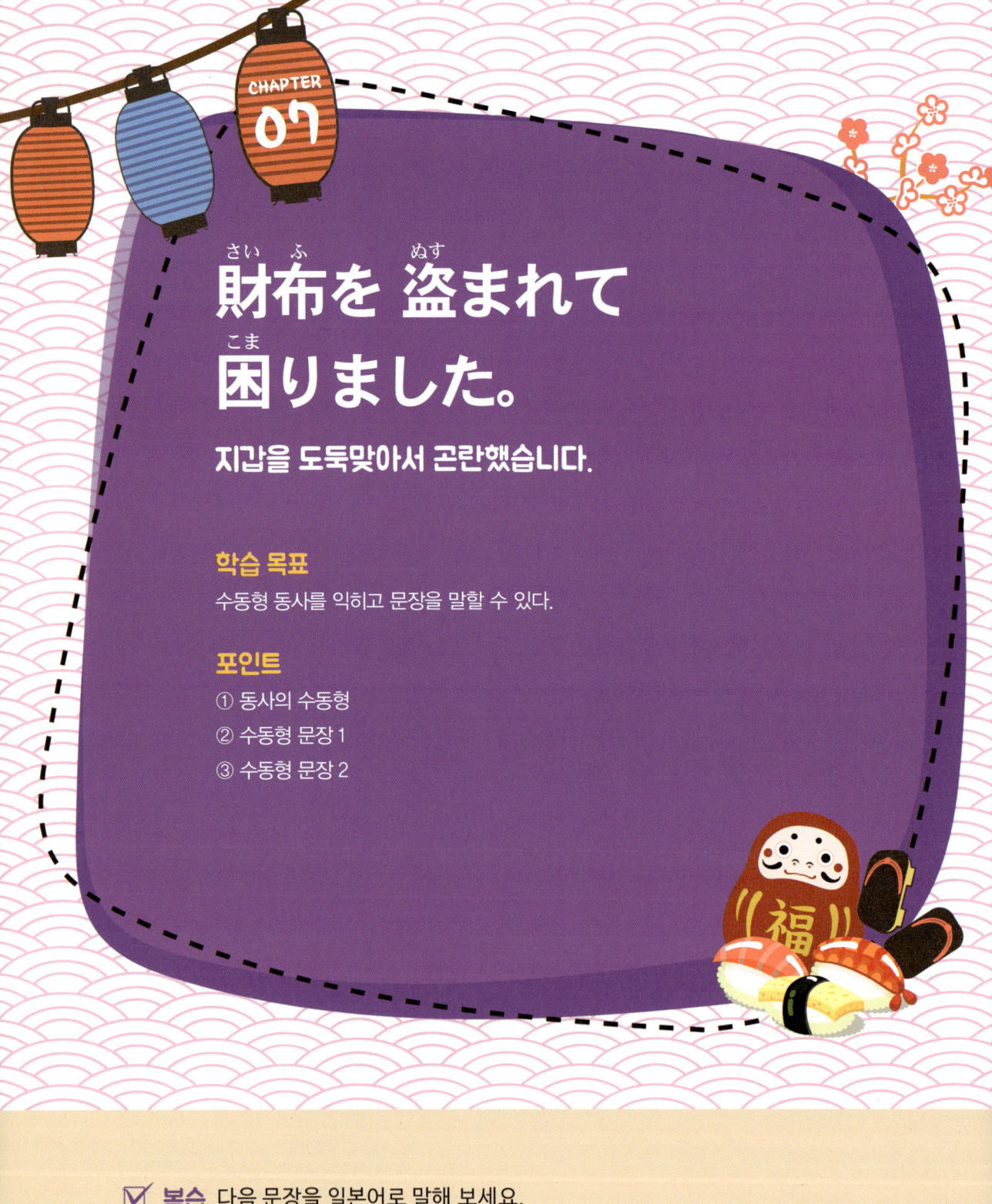

財布を 盗まれて 困りました。

さいふ　ぬす　　　　　こま

지갑을 도둑맞아서 곤란했습니다.

학습 목표

수동형 동사를 익히고 문장을 말할 수 있다.

포인트

① 동사의 수동형

② 수동형 문장 1

③ 수동형 문장 2

☑ **복습** 다음 문장을 일본어로 말해 보세요.

☐ 금방이라도 비가 올 것 같습니다.

☐ 감기에 걸린 것 같습니다.

☐ 밥을 먹지 않았다는 것 같습니다.

☐ 내일은 비가 온다고 합니다.

Track 07-01

A　もう 完全に 夏ですね。

B　そうですね。
　　夕べは 蚊に 刺されて 大変でした。

A　どうしたんですか。元気 ないですね。

B　朝から 部長に 怒られたんです。

A　何か いい ことでも あったんですか。

B　「日本語が 上手に なりましたね」って
　　先生に ほめられたんです。

A와 B로 역할을 바꾸어 가며 말하기 연습을 해 보세요.

🎧 Ⓐ Track 07-02 Ⓑ Track 07-03

A 이제 완전히 여름이네요.

🗣 일본어로 말해 보세요.

B 그러게요.

어젯밤에는 모기에 물려서 힘들었습니다.

A 무슨 일 있어요? 기운이 없네요.

B 아침부터 부장님한테 혼났거든요.

A 무슨 좋은 일이라도 있었어요?

B "일본어 이제 잘하네요."라고 선생님한테 칭찬받았거든요.

1 동사의 수동형

1. 다른 사람이 한 일이다.
2. 말하는 사람이 어떠한 영향을 받았을 때 쓴다.
3. 행동을 한 사람에게 조사 **に**를 붙인다.

그룹	형태	예
1그룹	어미 う단 → あ단 +れる	言う → 言われる
		怒る → 怒られる
		踏む → 踏まれる
		呼ぶ → 呼ばれる
		聞く → 聞かれる
2그룹	어미 る +られる	ほめる → ほめられる
		見る → 見られる
3그룹	불규칙적	する → される
		来る → 来られる

□ 踏む 밟다

2 수동형 문장 1

수동형 문장은 직역이 될 때에 'A에게 B되다', 'A에게 B받다'의 의미로 해석합니다.

	사전형	수동형
형태	ほめる 칭찬하다	ほめられる 칭찬받다
예	先生が 私を ほめました。 선생님이 나를 칭찬했습니다.	(私は) 先生に ほめられました。 (나는) 선생님에게 칭찬받았습니다.

うちの 猫に 鼻を かまれました。 우리 고양이한테 코를 물렸습니다.

恋人に ふられた らしいです。 애인한테 차였다는 것 같습니다.

昨日 プロポーズされたんです。 어제 프러포즈받았거든요.

知らない 人に 写真を 撮られて、警察に 届けました。
모르는 사람한테 사진을 찍혀서 경찰에 신고했습니다.

3 수동형 문장 2

(1) 수동형 문장은 직역이 되지 않을 때에 'A가 B하다'의 의미로 해석합니다.

	사전형	수동형
형태	聞く 묻다	聞かれる (나에게) 묻다
예	外国人が 私に 道を 聞きました。 외국인이 나에게 길을 물었습니다.	(私は) 外国人に 道を 聞かれました。 (나에게) 외국인이 길을 물었습니다.

好きな 人に すっぴんを 見られたんです。
좋아하는 사람이 제 민낯을 봤습니다.

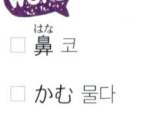

- □ 鼻 코
- □ かむ 물다
- □ ふる 거절하다, 차다
- □ プロポーズ 프러포즈
- □ 警察に 届ける
  경찰에 신고하다
- □ すっぴん 민낯

彼女に 電話で「別れよう」と 言われました。

여자 친구가 전화로 헤어지자고 말했습니다.

久しぶりに 会った 友だちに「きれいに なったね」って
言われました。 오랜만에 만난 친구가 저한테 예뻐졌다고 했습니다.

同僚には 名字で 呼ばれて います。

동료들은 저를 성으로 부릅니다.

(2) 또한 'A가 B함으로써 주어에게 하나의 사건이 되었다'는 의미를 나타
내기도 합니다.

	사전형	수동형
형태	泣く 울다	泣かれる (내 앞에서, 내가 있는 곳에서) 울다
예	友だちが 突然 泣きました。 친구가 갑자기 울었습니다.	友だちに 突然 泣かれました。 친구가 갑자기 울었습니다.

学校で 財布を 盗まれた ことが あります。

학교에서 지갑을 도둑맞은 적이 있습니다.

旅行先で よく 日本人に 間違えられます。

여행지에서 자주 일본인으로 오해받습니다.

親戚の 子どもに 来られて 何も できませんでした。

친척 애가 와서 아무것도 못 했습니다.

Tip 수동형을 써서 말하면 주어의 의지와 상관없이 '다른 사람의 행동으로 인해 겪어야
했던 일'이라는 것을 알 수 있습니다.

word
- □ 久しぶり 오랜만
- □ 名字 성(이름의 성씨)
- □ 突然 갑자기
- □ 盗む 훔치다
- □ 旅行先 여행지
- □ 間違える 틀리다, 착각하다

 주어진 단어와 표현을 활용하여 패턴 연습을 해 보세요.

🎧 Track 07-04

1

A どうしたんですか。

B うちの 猫(ねこ)に 鼻(はな)を かまれたんです。

① うちの 猫(ねこ) / 鼻(はな) / かむ

② となりの 人(ひと) / 足(あし) / 踏む(ふ)

③ 知(し)らない 人(ひと) / 写真(しゃしん) / 撮(と)る

④ 好(す)きな 人(ひと) / すっぴん / 見(み)る

🎧 Track 07-05

2

A どうしたんですか。

B 夕(ゆう)べ、雨(あめ)に 降(ふ)られて 風邪(かぜ)を 引(ひ)いたんです。

① 雨(あめ) / 降(ふ)る / 風邪(かぜ)を 引いた(ひ)

② 蚊(か) / 刺(さ)す / 大変(たいへん)だった

③ 赤(あか)ちゃん / 泣(な)く / 寝(ね)られなかった

④ 親戚(しんせき) / 来(く)る / 何(なに)も できなかった

Track 07-06

3

A どうしたんですか。元気ないですね。

B 朝から 部長に 怒られたんです。

① 部長 / 怒る

② 恋人 / 電話で ふる

③ 子ども / ケータイを 壊す

④ すり / 財布を 盗む

Track 07-07

4

A 何か いい ことでも あったんですか。

B 授業中、先生に ほめられたんです。

① 授業中、先生 / ほめる

② ずっと 好きだった 人 / 告白する

③ 恋人 / きれいだと 言う

④ 恋人の 友だち / 年より ずっと 若く 見えると 言う

---

word

☐ 壊す 부수다

☐ すり 소매치기

word

☐ 告白 고백

☐ 年 나이

☐ ～より ～보다

☐ ずっと 계속, 훨씬

☐ 若い 젊다

🔊 듣기연습

1. 다음을 잘 듣고 A, B 중 '그림과 일치하도록 묘사한 사람'을 찾아 괄호 안에 적으세요

🎧 Track 07-08

Hint
□ 山 산
□ 大雨 큰비

❶ (   )   ❷ (   )   ❸ (   )

2. 다음을 잘 듣고 들려 주는 내용과 일치하는 내용을 찾아 ○ 표시하세요.

🎧 Track 07-09

a. アメリカ人が 私に 道を 聞きました。   (   )

b. アメリカを 一人で 旅行しました。   (   )

c. アメリカ人に 写真を 撮られました。   (   )

Hint
□ ミョンドン 명동
□ アメリカ人 미국인

✏️ 쓰기연습

3. 다음 빈칸을 채워 표를 완성하세요.

뜻	사전형	수동형	뜻	사전형	수동형
울다	泣く		웃다	笑う	
묻다	聞く		밟다	踏む	
부르다	呼ぶ		훔치다	盗む	
들어오다	入る		물다	かむ	
화내다	怒る		찌르다	刺す	
칭찬하다	ほめる		보다	見る	
하다	する		오다	くる	

4. 다음 문장을 우리말로 해석하세요.

❶ 先輩に 資料の コピーを 頼まれました。

→ _____

❷ 友だちには 「こうちゃん」と 呼ばれて います。

→ _____

Hint

□ 先輩 선배

□ 資料 자료

□ コピー 복사

□ 頼む 부탁하다

5. 다음 문장을 일본어로 작문하세요.

❶ 일본인이 (나한테) 길을 물어봤습니다.

→ _____

❷ 친구들이 노래를 잘한다고 (나한테) 말했습니다.

→ _____

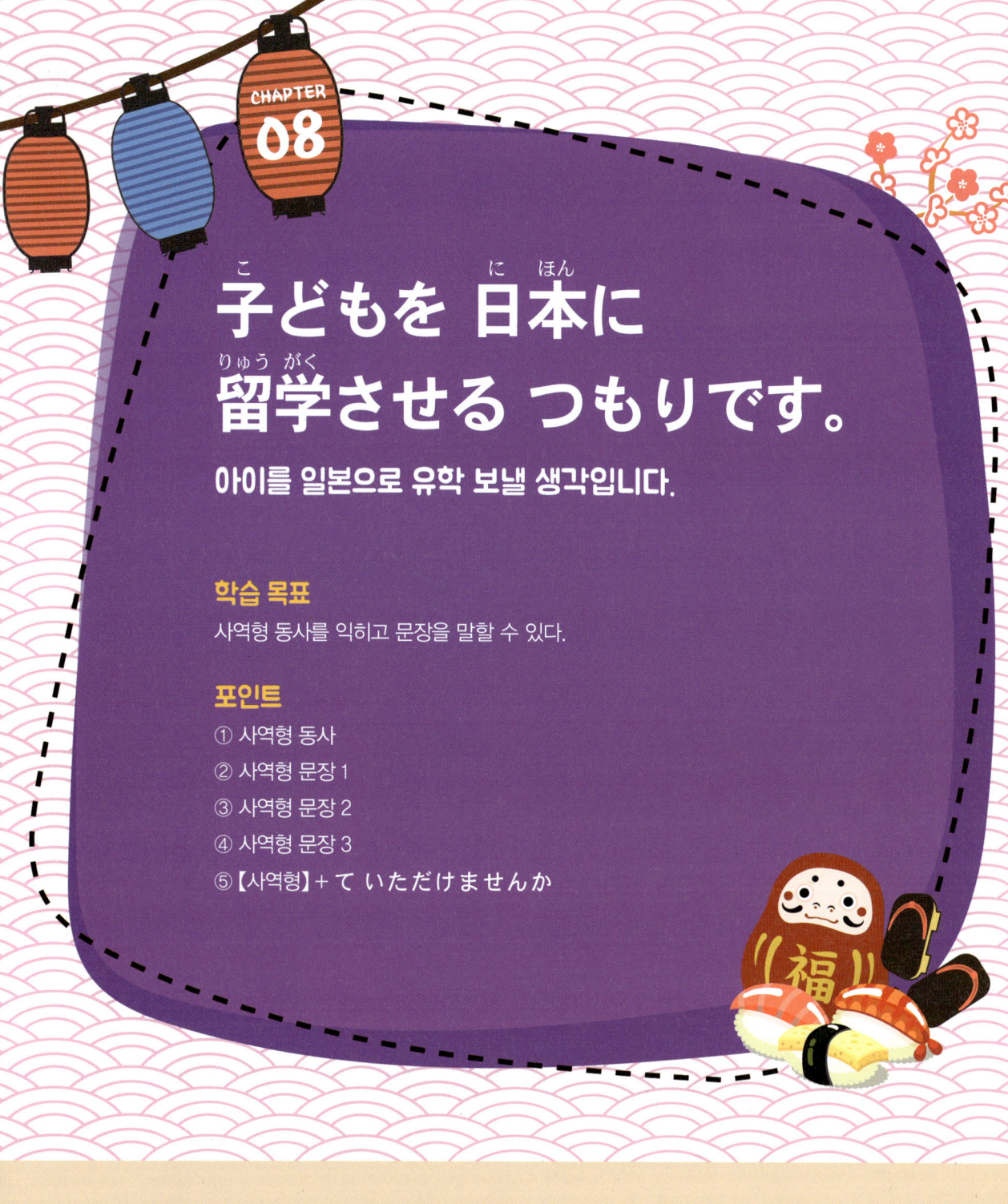

CHAPTER
08

子
どもを 日本に
りゅう がく
留学させる つもりです。

아이를 일본으로 유학 보낼 생각입니다.

학습 목표
사역형 동사를 익히고 문장을 말할 수 있다.

포인트
① 사역형 동사
② 사역형 문장 1
③ 사역형 문장 2
④ 사역형 문장 3
⑤【사역형】+ て いただけませんか

☑ **복습** 다음 문장을 일본어로 말해 보세요.

☐ 선생님한테 혼났습니다.

☐ 일본인이 (나한테)길을 물어봤습니다.

☐ 지난 밤에는 모기한테 물렸습니다.

☐ 여행지에서 지갑을 도둑맞았습니다.

 Track 08-01

A　私は 息子に ピアノを 習わせたいんです。

B　ピアノですか。 いいですね。

A　娘さんの 留学の話、 どうなりましたか。

B　行かせる ことに しました。

A　部長が 藤井さんに ずっと 飲ませた らしいよ。

B　ひどいですね。
　　藤井さんは お酒が 飲めないのに。

word

□ 息子 아들
□ 留学 유학

□ 【사전형/ない형】+ ことに する
　～하기로/안 하기로 결정하다.

□ ひどい 심하다, 너무하다

💬 A와 B로 역할을 바꾸어 가며 말하기 연습을 해 보세요.   🎧 Ⓐ Track 08-02
                                                       Ⓑ Track 08-03

A 저는 아들한테 피아노를 가르치고 싶습니다.

🔊 일본어로 말해 보세요.

B 피아노요? 좋네요.

A 따님 유학 이야기, 어떻게 됐어요?

B 보내기로 했습니다.

A 부장님이 후지이 씨한테 계속 마시게 했다나 봐.

B 너무하네요.

후지이 씨는 술 못 마시는데.

1 사역형 동사

사역형 동사는 '~하게 하다', '~하게 만들다', '~시키다'라는 뜻의 문장
을 만듭니다.

早く帰らせる。 빨리 집에 돌려보내다, 빨리 집에 가도록 허락하다.

그룹	형태	예
1그룹	어미 う단 → あ단 +せる	行く → 行かせる 가게 하다
		帰る → 帰らせる 돌아가게 하다
		休む → 休ませる 쉬게 하다
		待つ → 待たせる 기다리게 하다
		使う → 使わせる 사용하게 하다
2그룹	어미 る +させる	食べる → 食べさせる 먹게 하다
		やめる → やめさせる 그만두게 하다
3그룹	불규칙적	する → させる 시키다
		来る → 来させる 오게 하다

2 사역형 문장 1 ~시키다, ~하게 하다

私は 子どもを 塾に 通わせる つもりだ。

나는 아이를 학원에 다니게 할 생각이다.

部長が 藤井さんを 1時間も 待たせた。

부장님이 후지이 씨를 한 시간이나 기다리게 했다.

先生は 学生に いろんな 文章を 作らせます。

선생님은 학생에게 여러 가지 문장을 만들게 합니다.

子どもの 時、母は 私に 特に 何も させませんでした。

어렸을 때 엄마는 나에게 딱히 아무것도 시키지 않았습니다.

3 사역형 문장 2 ~하도록 허락하다, ~하게 두다

休みの 日は 子どもを 遊ばせます。

쉬는 날에는 아이를 놀게 합니다.

部長は 藤井さんを 早く 帰らせました。

부장님은 후지이 씨를 일찍 집에 가도록 했습니다.

部長が 藤井さんに 会社の 車を 使わせた。

부장님이 후지이 씨에게 회사 차를 사용하도록 했다.

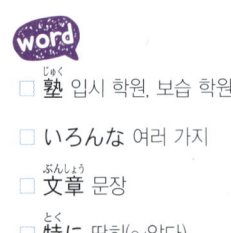

☐ 塾 입시 학원, 보습 학원

☐ いろんな 여러 가지

☐ 文章 문장

☐ 特に 딱히(~않다)

4 ▶ 사역형 문장 3 감정을 유발하다

いたずらをして 弟を 泣かせた。

장난을 쳐서 남동생을 울렸다.

妹と 喧嘩をして 父を 怒らせた。

여동생이랑 싸워서 아빠를 화나게 했다.

大学に 合格して 母を 喜ばせた。

대학에 합격해서 엄마를 기쁘게 했다.

彼女の 冗談は いつも みんなを 笑わせる。

그녀의 농담은 언제나 모두를 웃게 한다.

5 ▶ 【사역형】+て いただけませんか ～하게 해 주시지 않으시겠습니까?

사역형의 '허가'의 뜻을 빌려와서, '～하게 해 주시지 않으시겠습니까?'
라는 뜻으로 허락을 구하는 표현이 있습니다. 이 표현은 주로 비즈니스
상황에서 쓰입니다.

今日は 早く 帰らせて いただけませんか。

오늘은 빨리 귀가하게 해 주시지 않으시겠습니까?
= 오늘은 빨리 귀가해도 될까요?

明日 一日 休ませて いただけませんか。

내일 하루 쉬게 해 주시지 않으시겠습니까?
= 내일 하루 쉬어도 될까요?

word

☐ いたずらを する
　　장난을 치다

☐ 喧嘩を する 싸우다

☐ 合格する 합격하다

☐ 喜ぶ 기뻐하다

☐ 冗談 농담

☐ 笑う 웃다

💬 주어진 단어와 표현을 활용하여 패턴 연습을 해 보세요.

🎧 Track 08-04

□ 両親 부모님
□ 教会 교회
□ 漢方薬 한방약

1

A 子どもの 頃、ご両親は どんな ことを させましたか。

B **父は 私を 教会に 行か**せました。

① 父 / 私を / 教会に 行く

② 母 / 私を / 塾に 通う

③ 父 / 私に / 運動を する

④ 母 / 私に / 漢方薬を 飲む

🎧 Track 08-05

□ 国 나라

2

A もし 子どもが いたら、どんな ことを させたいですか。

B **私は 子どもを アメリカに 留学さ**せたいです。

① 子どもを / アメリカに 留学する

② 子どもを / いろんな 国に 旅行する

③ 子どもに / 水泳を 習う

④ 子どもに / ピアノを 弾く

Track 08-06

3

A 中学生の 子どもを 夜遅くまで 遊ばせますか。

B いいえ、遊ばせません。危ないですから。

① 子どもを / 夜遅くまで 遊ぶ / 危ない

② 子どもを / 一人で 海外に 行く / 一人は 不安

③ 子どもを / 友だちの 家に 泊まる / 迷惑

④ 子どもに / 学校を やめる / 高校までは 卒業させたい

Track 08-07

4

A すみません、明日 一日 休ませて いただけませんか。

B いいですよ、休んで ください。

① 明日 一日 休む

② 今日は 早く 帰る

③ 店の 中の 写真を 撮る

④ ここの パソコンを 使う

word

□ 中学生 중학생

□ 夜 밤

□ 遅い 늦다

□ 危ない 위험하다

□ 不安 불안

□ 泊まる 묵다

□ 迷惑 폐, 성가심

□ 高校 고등학교

연습착착

🎧 듣기연습

1. 다음을 잘 듣고 A, B 중 아래 상황에서 알맞게 이야기한 사람을 찾아 괄호 안에 적으세요. 🎧 Track 08-08

❶ 상황
여럿이 만나는 약속에 조금 늦었습니다.
약속 장소에 도착했더니 모두 모여 있었습니다.

답 (   )

❷ 상황
개인적인 사정으로 하루 쉬는 날을 얻어야 할 것 같습니다.

답 (   )

2. 다음을 잘 듣고 들려 주는 내용과 다른 것을 찾아 ◯ 표시하세요. 🎧 Track 08-09

a. 娘は スキー選手です。   (   )

b. 娘は 5歳から 水泳を 始めました。   (   )

c. 娘は スキーが 好き みたいです。   (   )

Hint

☐ 小さい 작다, 어리다
☐ 将来 장래, 미래
☐ スキー選手
　 스키 선수

☐ 【명사】+に なる
　 ~가 되다

88

✏️ 쓰기연습

3. 다음 빈칸을 채워 표를 완성하세요.

뜻	사전형	사역형	뜻
배우다	習^{なら}う		
듣다	聞^きく		
쉬다	休^{やす}む		
(사진 등을) 찍다	撮^とる		
기다리다	待^まつ		
하다	する		
오다	くる		

4. 다음 문장을 우리말로 해석하세요.

❶ 一緒^{いっしょ}に 写真^{しゃしん}を 撮^とらせて もらって 嬉^{うれ}しかったです。

→ _____

❷ インフルエンザで 一週間^{いっしゅうかん} 休^{やす}ませて もらった。

→ _____

Hint
- 嬉^{うれ}しい 기쁘다
- インフルエンザ 독감
- 一週間^{いっしゅうかん} 일주일간

5. 다음 문장을 일본어로 작문하세요.

❶ 아이에게 책을 많이 읽게 하고 싶어요.

→ _____

❷ 애인을 한 시간이나 기다리게 했어요.

→ _____

Hint
- たくさん 많음

夜遅くまで 残業を させられます。

よる おそ　　　　　　ざん ぎょう

밤늦게까지 잔업을 시키니까 해야 됩니다.

학습 목표
사역수동 표현을 익히고 문장을 말할 수 있다.

포인트
① 사역수동형 동사
② 사역수동형 문장
③ 사역형과 사역수동형 비교

☑ **복습** 다음 문장을 일본어로 말해 보세요.

☐ 엄마는 나를 학원에 다니게 했습니다.

☐ 저는 딸에게 운동을 시키고 싶습니다.

☐ 다음 달부터 아들에게 피아노를 배우게 할 생각입니다.

☐ 오늘은 빨리 귀가하게 해 주시면 안 될까요?

 Track 09-01

word

A 塾に 通った ことが ありますか。

B ええ、 高校の 時、父に 通わせられました。

A にんじん、嫌いなんですか。

B そうなんです。
子どもの 時に 母に 食べさせられて 本当に 嫌でした。

A お見合いしたって、本当ですか。

B それが、母に させられたんだよ。

□ 塾に 通う 学원에 다니다

□ にんじん 당근

□ 嫌だ 싫다

□ お見合いを する
맞선을 보다

A와 B로 역할을 바꾸어 가며 말하기 연습을 해 보세요.

 Ⓐ Track 09-02
Ⓑ Track 09-03

A   학원에 다닌 적 있어요?

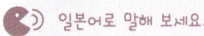 일본어로 말해 보세요.

B   네, 고등학교 때 아버지가 시켜서 다녔습니다.

A   당근 싫어하세요?

B   맞아요. 어렸을 때 엄마가 시켜서 먹었는데 정말로 싫었습니다.

A   맞선 봤다던데 정말이에요?

B   그게, 엄마가 시켜서 본 거야.

1 사역수동형 동사

사역수동형 동사는 사역의 '시키다'와 수동의 '받다'가 합쳐진 것으로,
어떤 명령이나 지시를 받아서 한다는 의미를 나타냅니다.

1. 다른 사람이 시킨 일이다.
2. 시켜서 했을 때 쓰는 표현이다.
3. 행동을 시킨 사람에게 조사 **に**를 붙인다.

그룹	형태	예
1그룹	어미 う단 → あ단 ＋せられる	行く → 行かせられる
		飲む → 飲ませられる
		作る → 作らせられる
		待つ → 待たせられる
		言う → 言わせられる
		話す → 話させられる
2그룹	어미 る ＋させられる	食べる → 食べさせられる
		やめる → やめさせられる
3그룹	불규칙적	する → させられる
		来る → 来させられる

② 사역수동형 문장

사역수동형 문장은 「Aに 동사B」의 형태로 'A가 시키니까 B를 했을 뿐이다'라는 뜻을 나타냅니다. 수동형의 특징 그대로 화자의 의지와는 상관없이 화자가 겪은 일을 이야기하는 상황에서 쓰입니다. 즉, 사역수동형 동사를 쓴 문장은 '누가 시켜서 내가 해야 했던 일'을 표현할 수 있습니다.

母が 私に お見合いを させました。

엄마가 나한테 맞선을 보게 했습니다.

→(私は) 母に お見合いを させられました。

(나는) 엄마가 시켜서 (어쩔 수 없이) 맞선을 봐야 했습니다

妻に トイレの 掃除を させられた。

아내가 시켜서 화장실 청소를 했다.

子どもの 時、母に 水泳を 習わされました。

어렸을 때 엄마가 수영을 시켜서 배웠습니다.

友だちに 1時間も 待たされた ことが あります。

친구가 한 시간이나 늦어서 기다린 적이 있습니다.

飲み会で お酒を ひどく 飲まされて、
途中、具合が 悪く なりました。

회식에서 주는 술을 엄청 마셔야 해서 중간에 상태가 안 좋아졌습니다.

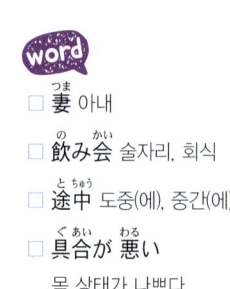

□ 妻 아내

□ 飲み会 술자리, 회식

□ 途中 도중(에), 중간(에)

□ 具合が 悪い
몸 상태가 나쁘다

③ 사역형과 사역수동형 비교

	사역형	사역수동형
형태	食^たべさせる 먹게 하다	食^たべさせられる 먹으라고 하니까 먹다
예문	母^{はは}が 私^{わたし}に 野菜^{やさい}を 食^たべさせました。 엄마가 나에게 야채를 먹게 했습니다.	(私^{わたし}は) 母^{はは}に 野菜^{やさい}を 食^たべさせられました。 (나는) 엄마가 먹으라고 해서 야채를 먹었습니다.
의미 비교	• 먹을 생각이 있었는지 상관 없다. • 실제로는 먹지 않았을 수도 있다.	• 먹을 생각이 없었는데, 시키니까 어쩔 수 없이 먹었다. • 실제로 행동을 했을 때만 사역수동형으로 말한다.

❶ 사역수동형을 써서 말하면, 주어는 그 행위를 할 생각이 없었다는 표시가 됩니다.

❷ 실제 그 행위를 했을 때에만 사역수동형을 씁니다. 누가 시켰지만 하지 않았을 때는 그냥 사역형을 써서 말합니다.

※ 1그룹 동사의 사역수동형의 축약형

사전형	사역수동형	사역수동형의 축약형
行^いく	行^いかせられる	行^いかされる
習^{なら}う	習^{なら}わせられる	習^{なら}わされる
飲^のむ	飲^のませられる	飲^のまされる
※ 話^{はな}す	話^{はな}させられる	×

□ 野菜^{やさい} 야채

주어진 단어와 표현을 활용하여 패턴 연습을 해 보세요.

1

A 子どもの 頃、ご両親に どんな ことを させられました
か。

B 父に 教会へ 行かされました。

① 父 / 教会へ 行く

② 父 / 水泳を 習う

③ 母 / 野菜を 食べる

④ 母 / ピアノを 弾く

Track 09-05

2

A 社会人に なったら 会社で どんな ことを させられますか。

B 上司に 残業を させられます。

① 上司 / 残業を する

② 上司 / 英会話の 授業を 受ける

③ 先輩 / 企画書を 書く

④ 先輩 / 飲み会で お酒を 飲む

□ 残業 잔업

□ 英会話 영어 회화

□ 企画書 기획서

🎧 Track 09-06

3

A 週末は ゆっくり 休めましたか。

B それが…、日曜日まで 残業させられて、休めませんでした。

① 日曜日まで 残業を する

② 社員旅行の 計画を 立てる

③ 山登りに 連れて 行く

④ 大掃除を 手伝う

🎧 Track 09-07

4

A 長い 時間、誰かを 待った ことが ありますか。

B はい、友だちに 2時間も 待たされた ことが あります。

① 長い 時間、誰かを 待つ / 友だち / 2時間も 待つ

② 嫌いな ものを 食べる / 子どもの 頃、祖母 /
にんじんを 食べる

③ 外国語を 習う / 小学生の 時、母 / 英語を 習う

④ 健康の ために 薬を 飲む / 中学生の 時、父 / 漢方薬を 飲む

□ **社員旅行** 사원 여행

□ **計画** 계획

□ **立てる** 세우다

□ **山登り** 등산

□ **連れて 行く** 데리고 가다

□ **大掃除** 대청소

□ **祖母** 조모, 할머니

□ **小学生** 초등학생

🎧 듣기연습

1. 다음을 잘 듣고 들려 주는 내용과 일치하는 내용을 찾아 〇 표시하세요.

🎧 Track 09-08

a. 私_{わたし}は お酒_{さけ}を 飲_のまないで 帰_{かえ}った。 ( )

b. 藤井_{ふじい}さんは 部長_{ぶちょう}に お酒_{さけ}を 飲_のまされた。 ( )

c. 私_{わたし}は 遅_{おそ}くまで 帰_{かえ}る ことが できなかった。 ( )

Hint
☐ けっこう 꽤, 상당히

2 다음을 잘 듣고 주어진 질문에 알맞은 답을 찾아 〇 표시하세요. 🎧 Track 09-09

❶
a. 掃除_{そうじ}を した 人_{ひと}は 誰_{だれ}ですか。 (父_{ちち} / 私_{わたし} / 姉_{あね})

b. 掃除_{そうじ}を させた 人_{ひと}は 誰_{だれ}ですか。 (父_{ちち} / 私_{わたし} / 姉_{あね})

Hint
☐ 結局_{けっきょく} 결국

❷
a. タバコを やめた 人_{ひと}は 誰_{だれ}ですか。 (話_{はな}して いる 人_{ひと} / 彼女_{かのじょ})

b. タバコを やめさせた 人_{ひと}は 誰_{だれ}ですか。 (話_{はな}して いる 人_{ひと} / 彼女_{かのじょ})

✏️ 쓰기연습

3. 다음 빈칸을 채워 표를 완성하세요.

사전형	수동형	사역형	사역수동형
言う			
聞く			
飲む			
食べる			
する			
くる			

4. 다음 문장을 우리말로 해석하세요.

❶ 土曜日まで 残業を させられて 週末も 休めない。

→ _____

❷ 恋人に 3時間も 待たされた ことが あります。

→ _____

5. 다음 문장을 일본어로 작문하세요.

❶ 부장님이 시켜서 (어쩔 수 없이) 술을 마셨습니다.

→ _____

❷ 어렸을 때는 (어쩔 수 없이) 학원에 다녔다.

→ _____

週末は 晴れる かも しれません。
しゅうまつ は

주말은 날이 갤지도 모릅니다.

학습 목표
보통형을 이용한 문장들을 익히고 말할 수 있다.

포인트
① ～たり～たりする
② ～でしょう(か)
③ ～かも しれません
④ ～ので
⑤ ～のに
⑥ ～(な)んだ・～(な)んです

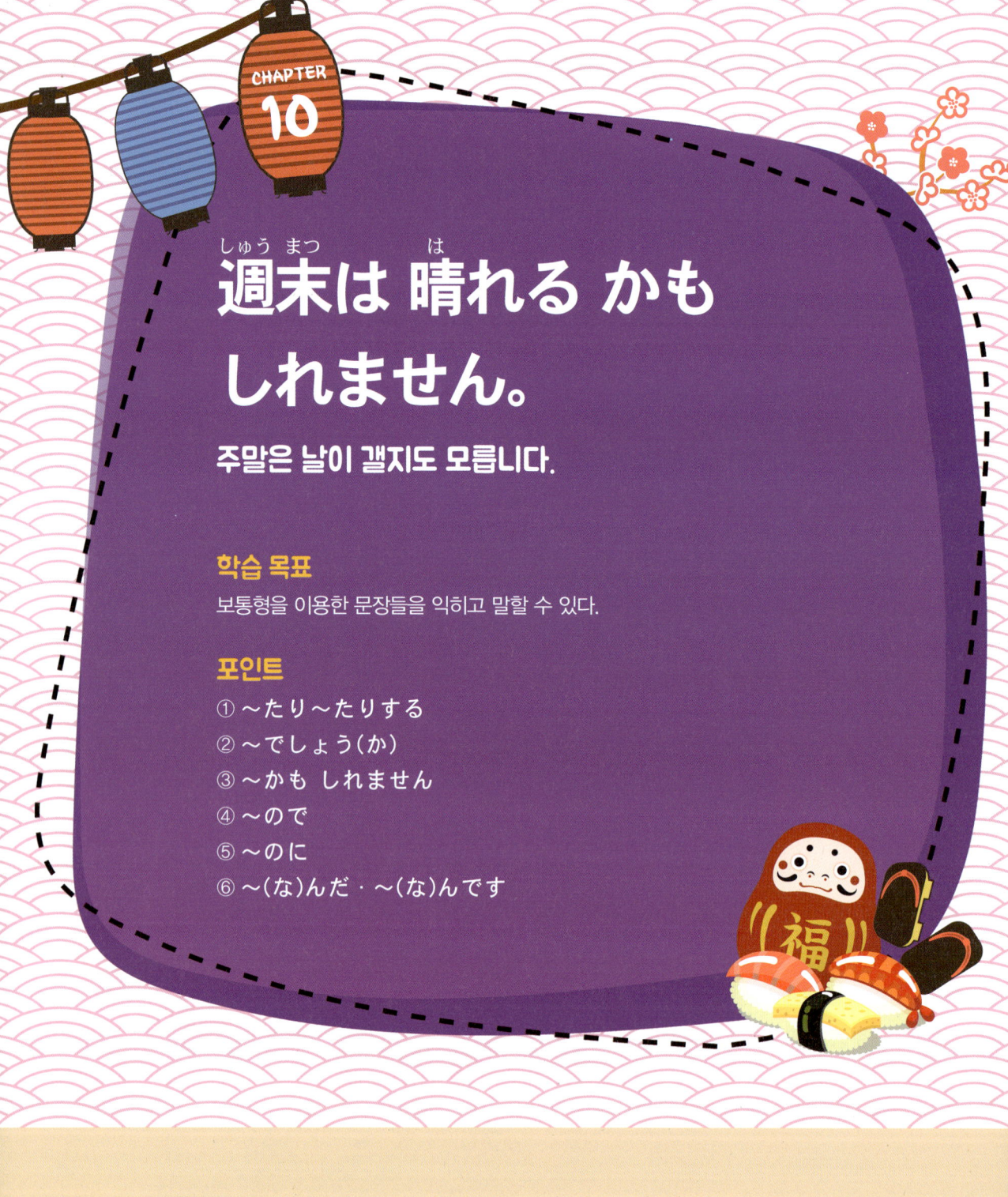

☑ **복습** 다음 문장을 일본어로 말해 보세요.

☐ 친구 때문에 1시간이나 기다렸습니다.

☐ 회식에서 주는 술을 마셔야 했습니다.

☐ 어릴 때는 엄마가 보내서 학원에 다녀야 했습니다.

☐ 주말까지 잔업을 시켜서 해야 했습니다.

word

□ ドライブに 出かける
드라이브를 가다

□ 予約する 예약하다

A 恋人が できたら 何が したいですか。

B ドライブに 出かけたり、
好きな 歌を 一緒に 聞いたり したいです。

A 先生は 結婚して いる でしょうか。

B して いる かも しれません。

A 駅前に 新しく できた レストランは どうですか。

B 週末なら いつも 込んで いるので、
予約した ほうが いいと 思います。

본문 해석

💬 A와 B로 역할을 바꾸어 가며 말하기 연습을 해 보세요.

🎧 Ⓐ Track 10-02
　Ⓑ Track 10-03

A 애인이 생기면 뭐 하고 싶어요?

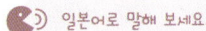 일본어로 말해 보세요.

B 드라이브를 가거나,

좋아하는 노래도 같이 듣거나 하고 싶습니다.

A 선생님은 결혼했을까요?

B 했을지도 모릅니다.

A 역 앞에 새로 생긴 레스토랑은 어때요?

B 주말이라면 항상 붐비기 때문에,

예약하는 편이 좋을 것 같습니다.

1 ～たり～たり する ~하거나 ~하거나 한다

休みの 日は 運動したり、友だちと 出かけたりします。

쉬는 날에는 운동을 하거나 친구랑 외출을 하거나 합니다.

日本に 行ったら おいしい ものを 食べたり、買い物を したり
したいです。

일본에 가면 맛있는 것을 먹거나 쇼핑을 하거나 하고 싶습니다.

子どもの 時は、母に 野菜を 食べさせられたり、
牛乳を 飲まされたり しました。

어렸을 때는 엄마 때문에 야채도 먹어야 하고 우유도 마셔야 했습니다.

※ ～たり ～たり する는 동사의 과거형에 접속합니다.

2 ～でしょう(か) ~겠지요, ~일까요?

(天気予報で)
今日は 午後から 晴れる でしょう。

(일기예보에서)

오늘은 오후부터 맑겠습니다.

A 週末に 雨が 降る でしょうか。

B 降らない でしょう。

A 주말에 비가 올까요?

B 안 오겠죠.

3 **~かも しれません** ~일지도 모릅니다

<u>明日</u>は <u>晴</u>れる **かも しれません**。 내일은 맑을지도 모릅니다.

A テストは <u>難</u>しいでしょうか。

B <u>意外</u>と <u>簡単</u> **かも しれません**。

A 시험은 어려울까요?

B 의외로 간단할지도 모릅니다.

> 그 밖의 추측 표현 기억하기
>
> <u>明日</u>は <u>晴</u>れる**と** <u>思</u>います。 내일은 맑을 거라고 생각합니다.
>
> <u>明日</u>は <u>晴</u>れる **でしょう**。 내일은 맑겠죠.

4 **~ので** ~이기 때문에, ~하기 때문에

~ので는 '~이기 때문에', '~하기 때문에'라는 의미를 나타내며, 예상한 내용을 이야기할 때 사용합니다.

접속	예
모든 품사의 보통형	<u>明日</u> テスト**なので** <u>勉強</u>して います。 내일 시험이기 때문에 공부하고 있습니다. ※【명사】+なので
	<u>彼女</u>は <u>真面目</u>**なので** <u>遅刻</u>した ことが ないです。 그녀는 성실하기 때문에 지각한 적이 없습니다. ※【な형용사】~だ+なので
	<u>体調</u>が <u>悪</u>い**ので** <u>休</u>ませて もらいました。 몸이 안 좋기 때문에 쉬도록 허락받았습니다.
	<u>一生懸命</u> <u>勉強</u>した**ので** <u>合格</u>しました。 열심히 공부했기 때문에 합격했습니다.

- <u>意外</u>と 의외로
- <u>一生懸命</u> 열심히
- <u>遅刻</u> 지각

5 　～のに ～임에도 불구하고

～のに는 '～인데도', '～임에도 불구하고'라는 의미를 나타내며, 예상 밖의 내용을 이야기할 때 사용합니다.

접속	예
모든 품사의 보통형	明日 テストなのに 全然 勉強して いません。 내일 시험인데도 불구하고 전혀 공부를 안 합니다. ※【명사】+なのに
	彼女は 真面目なのに 今週は 2回も 遅刻しました。 그녀는 성실한데도 이번 주 두 번이나 지각했습니다. ※【な형용사】だ+なのに
	体調が 悪いのに 残業させられました。 몸 상태가 안 좋은데도 잔업을 해야만 했습니다.
	一生懸命 勉強したのに 合格できませんでした。 열심히 공부했는데도 합격 못 했습니다.

6 　～(な)んだ・～(な)んです ～이다, ～이거든요

～(な)んだ, ～(な)んです는 사정이나 이유를 설명할 때 사용합니다.

접속	예
모든 품사의 보통형	少し 風邪気味なんです。 감기 기운이 조금 있거든요. ※【명사】+なんだ・なんです
	店員が 親切なんです。 점원이 친절하거든요. ※【な형용사】だ+なんだ・なんです
	時間が ないんです。 시간이 없거든요.
	恋人の 誕生日を 忘れたんです。 애인 생일을 까먹었거든요.

□ 店員 점원
□ 風邪気味だ
　감기 기운이 있다

패턴콕콕

💬 주어진 단어와 표현을 활용하여 패턴 연습을 해 보세요.

🎧 Track 10-04

1

A 休みの 日には たいてい 何を しますか。

B 家事を 済ませたり、友だちと 出かけたり します。

① 家事を 済ませる / 友だちと 出かける

② 本を 読む / ネットで 買い物を する

③ 友だちと お酒を 飲む / 映画を 見る

④ 恋人と ドライブに 出かける / おしゃれな カフェに 行く

☐ 家事 가사, 집안일

☐ 済ませる 끝내다

☐ おしゃれだ
멋지다, 세련되다

🎧 Track 10-05

2

A 明日も 雨が 降る でしょうか。

B そうですね。明日は 降らない かも しれません。

① 明日も 雨が 降る / 明日は 降らない

② あの 二人は 付き合って いる / 付き合って いる

③ 道が 込んで いる / 今は 込んで いない

④ 飛行機は もう 着いた / まだ 着いて いない

word

☐ 付き合う 사귀다

☐ 道が 込む 길이 막히다

 Track 10-06

3

A どうして 遅れたんですか。

B 朝寝坊を したので 遅れました。

① 遅れました / 朝寝坊を しました

② 仕事を 辞めました / 給料が あまりにも 安いです

③ 引っ越しました / 交通が あまりにも 不便です

④ 飲み会に 行きたく ないです / お酒が 飲めません

word
- □ 遅れる 늦다
- □ 朝寝坊 늦잠, 늦잠을 잠
- □ 給料 급여
- □ あまりにも 너무나도

Track 10-07

4

A 休みなのに、出社するんですか。

B はい、部長に 呼ばれたんです。

① 休みです / 出社します / 部長に 呼ばれました

② こんなに 寒いです / アイスコーヒーを 飲みます /
私は アイスしか 飲みません

③ さっき 食べました / また 食べて います /
また お腹が 空きました

④ 1年前に 別れました / まだ 連絡を 取って います /
私は 友だちでも いい

word
- □ こんなに 이렇게
- □ ～しか ～밖에
- □ さっき 아까
- □ お腹が 空く 배가 고프다
- □ 連絡を 取る 연락을 하다
- □ 【명사】+でも ～라도

연습착착

🎧 듣기연습

1. 다음을 잘 듣고 '일본에 가서 하고 싶은 일'을 모두 찾아 ○ 표시하세요.

🎧 Track 10-08

Hint
☐ 楽しみだ 기대되다
☐ 渋谷 시부야
  (일본의 지명)

a. (　　　)
b. (　　　)
c. (　　　)
d. (　　　)

2. 다음을 잘 듣고 '오늘 늦잠을 잔 이유'를 찾아 ○ 표시하세요.

🎧 Track 10-09

Hint
☐ 帰り道 귀갓길
☐ 寒気 오한
☐ 眠る 잠자다
☐ ぐっすり 푹

a. (　　　)
b. (　　　)
c. (　　　)

✏️ 쓰기연습

3. 다음 빈칸을 채워 표를 완성하세요.

	☐ない	☐ます	의지형	가능형	수동형	사역형
言う	言わない	言います	言おう	言える	言われる	言わせる
聞く						
使う						
読む						
見る						
する						
くる						

4. 다음 문장을 제시 단어를 사용하여 일본어로 작문하세요.

❶ 애인이 생기면 같이 영화를 보거나, 여행을 하거나 하고 싶습니다.
  (～たり ～たり する)

  → _____

❷ 아직도 비가 내리고 있을까요? (～でしょうか)

  → _____

❸ 그녀는 영어도 일본어도 능숙하게 이야기할 수 있거든요. (～(な)んです)

  → _____

❹ 두 시간이나 비를 맞았기 때문에 감기에 걸릴지도 모릅니다.
  (～かも しれません)

  → _____

❺ 술을 마시지 못하는데도 부장님이 (억지로) 마시게 했습니다. (～のに)

  → _____

부록

CHAPTER 01 ▶ 14쪽~15쪽

1

① A 日本に 行った ことが ありますか。

B はい、あります。

A いつ 行きましたか。

B 去年 行って 来ました。

② A 一人で 旅行した ことが ありますか。

B はい、あります。

A どこに 行きましたか。

B 中国に 行きました。

③ A ピアノを 習った ことが ありますか。

B はい、あります。

A どこで 習いましたか。

B 学校で 習いました。

④ A ダイエットを した ことが ありますか。

B はい、あります。

A 何キロ 痩せましたか。

B ２キロ 痩せました。

2

① A ディズニーランドに 行った ことが ありま

すか。

B いいえ、ありません。一度 行って みたいです。

② A 海外に 住んだ ことが ありますか。

B いいえ、ありません。一度 住んで みたいです。

③ A 宝くじに 当たった ことが ありますか。

B いいえ、ありません。一度 当たって みたい

です。

④ A 有名人と 写真を 撮った ことが ありますか。

B いいえ、ありません。一度 撮って みたいです。

3

① A ダイエットを したいんですが…。

B ダイエットを する なら、ジムに 通った ほ

うが いいです。

② A 一人で お酒を 飲みたいんですが…。

B 一人で（お酒を）飲む なら、ワインバーで 飲

んだ ほうが いいです。

③ A スマホを 買いたいんですが…。

B スマホを 買う なら、ネットで 買った ほう

が いいです。

④ A 水泳を 習いたいんですが…。

B 水泳を 習う なら、市民センターに 行って

みた ほうが いいです。

4

① A 髪を 切るか 切らないか、迷って いるんです。

B 切った ほうが いいと 思います。

切らない ほうが いいと 思います。

② A 髪を 染めるか 染めないか、迷って いるん

です。

B 染めた ほうが いいと 思います。

染めない ほうが いいと 思います。

③ A ジムに 通うか 通わないか、迷って いるん

です。

B 通った ほうが いいと 思います。

通わない ほうが いいと 思います。

④ A 恋人と 別れるか 別れないか、迷って いる

んです。

B 別れた ほうが いいと 思います。
別れない ほうが いいと 思います。

CHAPTER 02 ▸ 24쪽~25쪽

1

① A 誕生日に 何を もらいましたか。
B 財布と 香水を もらいました。
A 財布は 誰が くれましたか。
B 父が くれました。

② A 誕生日に 何を もらいましたか。
B お金と 香水を もらいました。
A お金は 誰が くれましたか。
B 母が くれました。

③ A 誕生日に 何を もらいましたか。
B 花束と 香水を もらいました。
A 花束は 誰が くれましたか。
B 恋人が くれました。

④ A 誕生日に 何を もらいましたか。
B 化粧品と 香水を もらいました。
A 化粧品は 誰が くれましたか。
B 兄が くれました。

2

① A 恋人の 誕生日に たいてい 何を あげますか。
B 私は 恋人に たいてい 化粧品を あげます。

② A 友だちの 誕生日に たいてい 何を あげますか。
B 私は 友だちに たいてい ケーキを あげます。

③ A 妹さんの 誕生日に たいてい 何を あげますか。
B 私は 妹に たいてい スニーカーを あげます。

④ A 弟さんの 誕生日に たいてい 何を あげますか。
B 私は 弟に たいてい ギフト券を あげます。

3

① A 恋人に どんな ことを して あげましたか。
B 旅行に 行って おいしい ものを 作って あげました。

② A 友だちに どんな ことを して あげましたか。
B 悩み事を 4時間も 聞いて あげました。

③ A お母さんに どんな ことを して あげましたか。
B 母の 好きな ものを 買って あげました。

④ A お父さんに どんな ことを して あげましたか。
B 父の 会社まで 送って あげました。

4

① A 恋人が どんな ことを して くれましたか。
B 恋人が 車で 家まで 送って くれました。
恋人に 車で 家まで 送って もらいました。

② A 友だちが どんな ことを して くれましたか。
B 友だちが 晩ごはんを おごって くれました。
友だちに 晩ごはんを おごって もらいました。

③ A お姉さんが どんな ことを して くれましたか。
B 姉が 病院に 一緒に 行って くれました。
姉に 病院に 一緒に 行って もらいました。

④ A お兄さんが どんな ことを して くれましたか。
B 兄が トイレの 掃除を して くれました。
兄に トイレの 掃除を して もらいました。

1

① A この ワイン、飲んで みませんか。
　 B すみません、私は ワインを 飲むと 眠く な
　　 るんです。
② A この チョコレート、食べて みませんか。
　 B すみません、私は チョコレートを 食べると
　　 お腹が 痛く なるんです。
③ A この 香水、つけて みませんか。
　 B すみません、私は 香水を つけると 頭が 痛
　　 く なるんです。
④ A この 観覧車、乗って みませんか。
　 B すみません、私は 観覧車に 乗ると めまい
　　 が するんです。

2

① A どう すれば 体調が よくなりますか。
　 B 病院に 通えば、よくなると 思います。
② A どう すれば 体調が よくなりますか。
　 B サプリメントを 飲めば、よくなると 思いま
　　 す。
③ A どう すれば 体調が よくなりますか。
　 B 体に いい ものを 食べれば、よくなると 思
　　 います。
④ A どう すれば 体調が よくなりますか。
　 B 規則正しい 生活を すれば、よくなると 思
　　 います。

3

① A いつ 電話すれば いいですか。
　 B 仕事が 終わったら 電話して ください。

② A いつ 電話すれば いいですか。
　 B 駅に 着いたら 電話して ください。
③ A いつ 電話すれば いいですか。
　 B 家を 出たら 電話して ください。
④ A いつ 電話すれば いいですか。
　 B バスを 降りたら 電話して ください。

4

① A 日本語を 習いたいんですが、どう すれば
　　 いいですか。
　 B 日本語を 習いたいなら、日本語学校に 行っ
　　 て みたら どうですか。
② A 部長に あげたいんですが、お土産に 何を
　　 買えば いいですか。
　 B 部長に あげたいなら、課長に 聞いて みた
　　 ら どうですか。
③ A 日本の 小説に 興味が あるんですが、何を
　　 読めば いいですか。
　 B 日本の 小説(に 興味が ある)なら、この 本
　　 を 読んで みたら どうですか。
④ A お湯が 出ないんですが、誰に 聞けば いい
　　 ですか。
　 B お湯が 出ないなら、フロントに 電話して
　　 みたら どうですか。

1

① A 料理が できますか。
　 B はい、パスタなら 作れます。

② A スポーツが できますか。
　B はい、バスケなら できます。
③ A ギターが 弾けますか。
　B はい、簡単な 曲なら 弾けます。
④ A 運転が できますか。
　B はい、近い 距離なら できます。

2

① A 水泳が できますか。
　B プールで 泳ぐ こと なら できます。
② A 英語の メールが 書けますか。
　B 辞書を ひいて 書く こと なら できます。
③ A カレーが 作れますか。
　B レシピを 見て 作る こと なら できます。
④ A ピアノが 弾けますか。
　B 楽譜を 見て 弾く こと なら できます。

3

① A 中国語が 聞き取れますか。
　B はい、聞き取れます。
　　いいえ、全然 聞き取れません。
② A ワープロが 使えますか。
　B はい、使えます。
　　いいえ、全然 使えません。
③ A 焼酎が 飲めますか。
　B はい、飲めます。
　　いいえ、全然 飲めません。
④ A スーキーが できますか。
　B はい、できます。
　　いいえ、全然 できません。

4

① A ケータイで 何が できる ように なりましたか。
　B ネットバンクが 使える ように なりました。
② A 大人に なって 何が できる ように なりましたか。
　B ブラックコーヒーが 飲める ように なりました。
③ A 社会人に なって 何が できる ように なりましたか。
　B 運転が できる ように なりました。
④ A 日本語を 習って 何が できる ように なりましたか。
　B 日本人の 友だちと 日本語で 話せる ように なりました。

CHAPTER 05 ▶ 54쪽~55쪽

1

① A 授業が 終わったら 何を しますか。
　B 今日は 早く 帰って 家の 掃除を しようと 思って います。
② A 授業が 終わったら 何を しますか。
　B 今日は 一人で 映画を 見に 行こうと 思って います。
③ A 授業が 終わったら 何を しますか。
　B 今日は 友だちに 会って おいしい ものを 食べようと 思って います。
④ A 授業が 終わったら 何を しますか。
　B 今日は スーパーで 買い物を してから 帰ろうと 思って います。

① A 今年は 健康の ために 何を したいですか。
   B 今年は 健康の ために ダイエットを する つ

   もりです。

② A 今年は 自分の ために 何を したいですか。
   B 今年は 自分の ために お酒を 飲まない つも

   りです。

③ A 今年は 就職の ために 何を したいですか。
   B 今年は 就職の ために 外国語を 習う つもり

   です。

④ A 今年は 家族の ために 何を したいですか。
   B 今年は 家族の ために タバコを 吸わない つ

   もりです。

3

① A タバコ、吸わないんですか。
   B ええ、家族の ために 吸わない つもりです。

② A お酒、飲まないんですか。
   B ええ、健康の ために 飲まない つもりです。

③ A パン、食べないんですか。
   B ええ、ダイエットの ために 食べない つも

   りです。

④ A 新しい スマホ、買わないんですか。
   B ええ、節約の ために 買わない つもりです。

4

① A 今度の 土曜日、何か 予定が ありますか。
   B 土曜日は 同僚の 結婚式に 行く 予定です。

② A 明日、何か 予定が ありますか。
   B 明日は 友だちと 展覧会に 行く 予定です。

③ A 今週末、何か 予定が ありますか。

B 今週末は 日本に 出張する 予定です。

④ A 連休に、何か 予定が ありますか。
   B 連休には 目の 手術を 受ける 予定です。

CHAPTER 06 ▶ 66쪽~67쪽

1

① A 彼女の 第一印象は どうでしたか。
   B 最初は 冷た そうでしたが、今は 優しい 人

   だと 思います。

② A 彼女の 第一印象は どうでしたか。
   B 最初は 真面目 そうでしたが、今は 厳しい

   人だと 思います。

③ A 彼女の 第一印象は どうでしたか。
   B 最初は 気難し そうでしたが、今は 几帳面

   な 人だと 思います。

④ A 彼女の 第一印象は どうでしたか。
   B 最初は 静か そうでしたが、今は 大人しい

   人だと 思います。

2

① A 店の 電気が 消えて いるんです。
   B 今日は 休みの ようですね。

② A 外国人に 道を 教えて いるんです。
   B 英語が 上手な ようですね。

③ A 何回か 電話しても 電話に 出ないんです。
   B 席に いない ようですね。

④ A 何回か メッセージを 送っても 返事が ない

   んです。

   B まだ 寝て いる ようですね。

3

① A あの 人、日本に 行った らしいですよ。
B えっ、本当ですか。
A どうやら 日本の 大学に 受かった みたいです。
B それは よかったですね。

② A あの 人、ケータイを 無くした らしいですよ。
B えっ、本当ですか。
A どうやら 中に 大事な 写真が あった みたいです。
B それは 大変ですね。

③ A あの 人、マンションを 買った らしいですよ。
B えっ、本当ですか。
A どうやら 宝くじに 当たった みたいです。
B それは うらやましいですね。

④ A あの 人、恋人と 別れた らしいですよ。
B えっ、本当ですか。
A どうやら お互い 飽きた みたいです。
B それは 寂しいですね。

4

① A 週末の 天気は どうですか。
B 天気予報に よると、土日 ずっと 雨だ そうです。

② A 日帰り旅行で 鎌倉は どうですか。
B ネットに よると、東京から 近くて いい そうです。

③ A 駅前に ある 居酒屋は どうですか。
B 藤井さんの 話に よると、安くて おいしい そうです。

④ A 新しく できた ジムは どうですか。
B 友だちの 話に よると、いつも 込んで いる

そうです。

CHAPTER 07 ▶ 76쪽~77쪽

1

① A どうしたんですか。
B うちの 猫に 鼻を かまれたんです。

② A どうしたんですか。
B となりの 人に 足を 踏まれたんです。

③ A どうしたんですか。
B 知らない 人に 写真を 撮られたんです。

④ A どうしたんですか。
B 好きな 人に すっぴんを 見られたんです。

2

① A どうしたんですか。
B 夕べ、雨に 降られて 風邪を 引いたんです。

② A どうしたんですか。
B 夕べ、蚊に 刺されて 大変だったんです。

③ A どうしたんですか。
B 夕べ、赤ちゃんに 泣かれて 寝られなかった

んです。

④ A どうしたんですか。
B 夕べ、親戚に 来られて 何も できなかった

んです。

3

① A どうしたんですか。元気ないですね。
B 朝から 部長に 怒られたんです。

② A どうしたんですか。元気ないですね。
B 朝から 恋人に 電話で ふられたんです。

③ A どうしたんですか。元気ないですね。
B 朝から 子どもに ケータイを 壊されたんです。

④ A どうしたんですか。元気ないですね。
B 朝から すりに 財布を 盗まれたんです。

4

① A 何か いい ことでも あったんですか。
B 授業中、先生に ほめられたんです。

② A 何か いい ことでも あったんですか。
B ずっと 好きだった 人に 告白されたんです。

③ A 何か いい ことでも あったんですか。
B 恋人に きれいだと 言われたんです。

④ A 何か いい ことでも あったんですか。
B 恋人の 友だちに 年より ずっと 若く 見える
と 言われたんです。

CHAPTER 08 ▶ 86쪽~87쪽

1

① A 子どもの 頃、ご両親は どんな ことを させ
ましたか。
B 父は 私を 教会に 行かせました。

② A 子どもの 頃、ご両親は どんな ことを させ
ましたか。
B 母は 私を 塾に 通わせました。

③ A 子どもの 頃、ご両親は どんな ことを させ
ましたか。
B 父は 私に 運動を させました。

④ A 子どもの 頃、ご両親は どんな ことを させ
ましたか。

B 母は 私に 漢方薬を 飲ませました。

2

① A もし 子どもが いたら、どんな ことを させ
たいですか。
B 私は 子どもを アメリカに 留学させたいです。

② A もし 子どもが いたら、どんな ことを させ
たいですか。
B 私は 子どもを いろんな 国に 旅行させたい
です。

③ A もし 子どもが いたら、どんな ことを させ
たいですか。
B 私は 子どもに 水泳を 習わせたいです。

④ A もし 子どもが いたら、どんな ことを させ
たいですか。
B 私は 子どもに ピアノを 弾かせたいです。

3

① A 中学生の 子どもを 夜遅くまで 遊ばせますか。
B いいえ、遊ばせません。危ないですから。

② A 中学生の 子どもを 一人で 海外に 行かせま
すか。
B いいえ、行かせません。一人は 不安ですから。

③ A 中学生の 子どもを 友だちの 家に 泊まらせ
ますか。
B いいえ、泊まらせません。迷惑ですから。

④ A 中学生の 子どもに 学校を やめさせますか。
B いいえ、やめさせません。高校までは 卒業
させたいですから。

4

① A すみません、明日 一日 休ませて いただけ

ません か。

B いいですよ、休んで ください。

② A すみません、今日は 早く 帰らせて いただ

けません か。

B いいですよ、帰って ください。

③ A すみません、店の 中の 写真を 撮らせて い

ただけません か。

B いいですよ、撮って ください。

④ A すみません、ここの パソコンを 使わせて

いただけません か。

B いいですよ、使って ください。

CHAPTER 09 ▶ 96쪽~97쪽

1

① A 子どもの 頃、ご両親に どんな ことを させ

られました か。

B 父に 教会へ 行かされました。

② A 子どもの 頃、ご両親に どんな ことを させ

られました か。

B 父に 水泳を 習わされました。

③ A 子どもの 頃、ご両親に どんな ことを させられ

ました か。

B 母に 野菜を 食べさせられました。

④ A 子どもの 頃、ご両親に どんな ことを させ

られました か。

B 母に ピアノを 弾かされました。

2

① A 社会人に なったら 会社で どんな ことを さ

せられます か。

B 上司に 残業を させられます。

② A 社会人に なったら 会社で どんな ことを さ

せられます か。

B 上司に 英会話の 授業を 受けさせられます。

③ A 社会人に なったら 会社で どんな ことを さ

せられます か。

B 先輩に 企画書を 書かせられます（＝書かさ

れます）。

④ A 社会人に なったら 会社で どんな ことを さ

せられます か。

B 先輩に 飲み会で お酒を 飲ませられます（＝

飲まされます）。

3

① A 週末は ゆっくり 休めました か。

B それが…、日曜日まで 残業させられて、休

めませんでした。

② A 週末は ゆっくり 休めました か。

B それが…、社員旅行の 計画を 立てさせられ

て、休めませんでした。

③ A 週末は ゆっくり 休めました か。

B それが…、山登りに 連れて 行かせられて

（＝行かされて）、休めませんでした。

④ A 週末は ゆっくり 休めました か。

B それが…、大掃除を 手伝わせられて（＝手伝

わされて）、休めませんでした。

4

① A 長い 時間 誰かを 待った ことが あります か。

B はい、友だちに ２時間も 待たされた こと

が あります。

② A 嫌いな ものを 食べた ことが ありますか。
B はい、子どもの 頃、祖母に にんじんを 食べさせられた ことが あります。

③ A 外国語を 習った ことが ありますか。
B はい、小学生の 時、母に 英語を 習わされた ことが あります。

④ A 健康の ために 薬を 飲んだ ことが ありますか。
B はい、中学生の 時、父に 漢方薬を 飲まされた ことが あります。

CHAPTER 10 ▶ 106쪽~107쪽

1

① A 休みの 日は たいてい 何を しますか。
B 家事を 済ませたり、友だちと 出かけたり します。

② A 休みの 日は たいてい 何を しますか。
B 本を 読んだり、ネットで 買い物を したり します。

③ A 休みの 日は たいてい 何を しますか。
B 友だちと お酒を 飲んだり、映画を 見たり します。

④ A 休みの 日は たいてい 何を しますか。
B 恋人と ドライブに 出かけたり、おしゃれな カフェに 行ったり します。

2

① A 明日も 雨が 降る でしょうか。
B そうですね。明日は 降らない かも しれません。

② A あの 二人は 付き合って いる でしょうか。
B そうですね。付き合って いる かも しれません。

③ A 道が 込んで いる でしょうか。
B そうですね。今は 込んで いない かも しれません。

④ A 飛行機は もう 着いた でしょうか。
B そうですね。まだ 着いて いない かも しれません。

3

① A どうして 遅れたんですか。
B 朝寝坊を したので 遅れました。

② A どうして 仕事を 辞めたんですか。
B 給料が あまりにも 安いので 辞めました。

③ A どうして 引っ越したんですか。
B 交通が あまりにも 不便なので 引っ越しました。

④ A どうして 飲み会に 行きたく ないんですか。
B お酒が 飲めないので 行きたく ないです。

4

① A 休みなのに、出社するんですか。
B はい、部長に 呼ばれたんです。

② A こんなに 寒いのに、アイスコーヒーを 飲むんですか。
B はい、私は アイスしか 飲まないんです。

③ A さっき 食べたのに、また 食べて いるんですか。
B はい、また お腹が 空いたんです。

④ A 1年前に 別れたのに、まだ 連絡を 取って いるんですか。
B はい、私は 友だちでも いいんです。

CHAPTER 01 ▶ 16쪽~17쪽

듣기연습

1. a. ○　　b. ○　　c. ×
2. a. ×　　b. ○　　c. ×

쓰기연습

3. ❶ 아직 인터넷으로 쇼핑을 한 적이 없습니다.
　 ❷ 혼자서 바다를 보러 간 적이 있습니다.
　 ❸ 한번 읽어 보는 것이 좋을 거라고 생각합니다.
4. ❶ 日本の ドラマを 見た ことが ないです(=ありません)。
　 ❷ 一人で 居酒屋に 行った ことが あります。
　 ❸ 体の 調子が 悪い 時は 無理しない ほうが いいです。
　 ❹ 電話で 聞いて みた ほうが いいと 思います。

CHAPTER 02 ▶ 26쪽~27쪽

듣기연습

1. b
2. ❶ B　　❷ A

쓰기연습

3. ❶ 남자 친구가 써 준 편지입니다.
　 ❷ 가토 씨가 길을 알려 줬습니다.
　 ❸ 애인에게 귀여운 귀걸이를 사 주고 싶습니다.
4. ❶ 姉に お弁当を 作って あげました。
　 ❷ 誕生日に 友だちが ランチを おごって くれました。
　 ❸ 母に 新しい パソコンを 買って もらいました。

❹ 課長に ランチを おごって いただきました。

CHAPTER 03 ▶ 36쪽~37쪽

듣기연습

1. a
2. ❶ B　　❷ A

쓰기연습

3. ❶ 여자 친구가 없으면 곤란합니다.
　 ❷ 감기에 걸렸다면 빨리 돌아가서 쉬세요.
　 ❸ 창문을 열었더니 시원한 바람이 들어왔습니다.
4. ❶ お酒を 飲むと 頭が 痛く なります。
　 ❷ どう すれば 日本語が 上手に なりますか。
　 ❸ もし 留守だったら、ケータイに 電話して ください。
　 ❹ 一人で 旅行を する なら 日本が いいです。

CHAPTER 04 ▶ 46쪽~47쪽

듣기연습

1. b
2. a

쓰기연습

3. ❶ 소주는 마실 수 있지만, 맥주는 못 마십니다.
　 ❷ 여기에서는 책을 빌릴 수가 있습니다(빌리는 것이 가능합니다).
　 ❸ 일본어를 알아들을 수 있게 되고 싶습니다.
4. ❶ 私は 辛い ものが 食べられません。
　 ❷ 簡単な 料理なら 作れます。

③ ここでは 本を 買う ことは できません。

④ 日本語が 上手に 話せる ように なりたいです。

③ 先生は 結婚して いる らしいです。

④ 来週の 金曜日は 授業が ない そうです。

CHAPTER 05 ▶ 56쪽~57쪽

🎧 듣기연습

1. a

2. a

✏️ 쓰기연습

3. ❶ 다이어트를 하려고 생각 중입니다.

❷ 내일부터 담배를 피우지 않을 생각입니다.

❸ 9월 10일부터 출장을 갈 예정입니다.

4. ❶ 料理教室に 通おうと 思って います。

❷ 12月に 日本語能力試験を 受けようと 思って います。

❸ 会社を やめる つもりです。

❹ (お)荷物は 火曜日まで 届く 予定です。

CHAPTER 06 ▶ 68쪽~69쪽

🎧 듣기연습

1. ❶ ✕   ❷ ○   ❸ ○

2. c

✏️ 쓰기연습

3. ❶ 비가 올 것 같아서 우산을 샀습니다.

❷ 일기예보에 의하면 내일부터 비가 온다고 합니다.

❸ 마치 가수처럼 노래를 잘합니다.

4. ❶ おいしそうな ケーキですね。

❷ 家族は みんな 海外に 住んで いる ようです(＝みたいです)。

CHAPTER 07 ▶ 78쪽~79쪽

🎧 듣기연습

1. ❶ A   ❷ B   ❸ A

2. a

✏️ 쓰기연습

3.

뜻	사전형	수동형	뜻	사전형	수동형
울다	泣く	泣かれる	웃다	笑う	笑われる
묻다	聞く	聞かれる	밟다	踏む	踏まれる
부르다	呼ぶ	呼ばれる	훔치다	盗む	盗まれる
들어오다	入る	入られる	물다	かむ	かまれる
화내다	怒る	怒られる	찌르다	刺す	刺される
칭찬하다	ほめる	ほめられる	보다	見る	見られる
하다	する	される	오다	くる	こられる

4. ❶ 선배한테 자료 복사를 부탁받았습니다.

❷ 친구들은 (저를)「こうちゃん」이라고 부릅니다.

5. ❶ 日本人に 道を 聞かれました。

❷ 友だちに 歌が 上手だと 言われました。

CHAPTER 08 ▶ 88쪽~89쪽

🎧 듣기연습

1. ❶ A   ❷ A

2. a

✏️ 쓰기연습

3.

뜻	사전형	사역형	뜻
배우다	習う	習わせる	배우게 하다
듣다	聞く	聞かせる	듣게 하다
쉬다	休む	休ませる	쉬게 하다
(사진 등을) 찍다	撮る	撮らせる	찍게 하다
기다리다	待つ	待たせる	기다리게 하다
하다	する	させる	시키다, 하게 하다
오다	くる	こさせる	오게 하다

4. ① 같이 사진을 찍게 해 줘서 기뻤습니다.
　 ② 독감으로 (허락 받고) 일주일간 쉬었습니다.

5. ① 子どもに 本を たくさん 読ませたいです。
　 ② 恋人を 一時間も 待たせました。

CHAPTER 09　　▶ 98쪽~99쪽

🎧 듣기연습

1. b

2. ① a. 姉　　　　b. 父
　 ② a. 話して いる 人　　b. 彼女

✏️ 쓰기연습

3.

사전형	수동형	사역형	사역수동형
言う	言われる	言わせる	言わせられる (=言わされる)
聞く	聞かれる	聞かせる	聞かせられる (=聞かされる)
飲む	飲まれる	飲ませる	飲ませられる (=飲まされる)
食べる	食べられる	食べさせる	食べさせられる
する	される	させる	させられる
くる	こられる	こさせる	こさせられる

4. ① 토요일까지 잔업을 시키니까, 주말에도 쉴 수 없다.

---

② 애인 때문에 3시간이나 기다려야 했던 적이 있습니다.

5. ① 部長に お酒を 飲ませられました(=飲まされました)。
　 ② 子どもの 時は 塾に 通わせられた(=通わされた)。

CHAPTER 10　　▶ 108쪽~109쪽

🎧 듣기연습

1. a, b, c

2. c

✏️ 쓰기연습

3.

	☐ない	☐ます	의지형	가능형	수동형	사역형
言う	言わない	言います	言おう	言える	言われる	言わせる
聞く	聞か	聞き	聞こう	聞ける	聞かれる	聞かせる
使う	使わ	使い	使おう	使える	使われる	使わせる
読む	読ま	読み	読もう	読める	読まれる	読ませる
見る	見	見	見よう	見られる	見られる	見させる
する	し	し	しよう	できる	される	させる
くる	こ	き	こよう	こられる	こられる	こさせる

4. ① 恋人が できたら 一緒に 映画を 見たり 旅行したり したいです。
　 ② まだ 雨が 降って いる でしょうか。
　 ③ 彼女は 日本語も 英語も 上手に 話せるんです。
　 ④ 2時間も 雨に 降られたので 風邪を 引くかも しれません。
　 ⑤ お酒が 飲めないのに 部長に 飲ませられました。(=飲まされました。)

🎧 듣기 스크립트

CHAPTER 01 ▶ 16쪽

1. 私は フランス語を 勉強した ことは ありませんが、一人で フランスに 行った ことが あります。フランスを 自転車で 旅行しました。

2. 風邪を ひいた 時は 無理を しないで ゆっくり 休んだ ほうが いいです。運動も しない ほうが いいと 思います。お酒も 飲まないで ください。

CHAPTER 02 ▶ 26쪽

1. この くつは 夫が 買って くれました。ケーキは 会社の 同僚から もらいました。あ、私は これが 一番 嬉しかったです。友だちから もらった 香水です。

2. ❶ お弁当は いつも 自分で 作りますか。

　A いいえ、作って あげません。

　B いつも 弟が 作って くれます。

❷ 先生の お誕生日 プレゼント、決めましたか。

　A ハンドクリームを さしあげたいです。

　B ネクタイを いただきたいです。

CHAPTER 03 ▶ 36쪽

1. 私は 牛肉を 食べると お腹が 痛く なります。牛乳は 大丈夫です。チーズも 大好きで、毎日 食べて いるんですが、牛肉だけは だめですね。

2. ❶ 大丈夫ですか。薬、飲まなくても いいですか。

　A 行って もらいたいです。

　B 大丈夫です。休めば 治りますから。

❷ サンダルが ほしいんですが、どこで 買えば いいですか。

　A この 近くなら ABCマートは どうですか。

　B 何を 買えば いいですか。

CHAPTER 04 ▶ 46쪽

1. 姉は スポーツが 大好きです。習った ことも ないのに、何でも できます。水泳、バドミントン、サッカーまで できるんですが、テニスは できません。練習しても 上手に ならないんです。

2. 私は ビールが 飲めません。でも、焼酎は 好きで、仕事が 終わったら よく 飲みに 行きます。ワインは 昔は だめだったんですが、最近 飲めるように なりました。おいしい チーズと 一緒なら 最高ですね。

CHAPTER 05 ▶ 56쪽

1. 私は このごろ 料理を 習って います。冬には 中国語を 始める つもりです。春には 車の 免許を 取ろうと 思って います。

2. 今から 20分間 停車します。バスは 4時45分に 出発します。40分までには 戻って ください。学校には 9時に 着く 予定です。

1. ❶ 今にも 泣きそうな 顔でした。

❷ 眠そうですね。大丈夫ですか。

❸ とても 仲が よさそうです。

2. 藤井さんは ここまで 地下鉄で 来る みたいです。家が 遠くて 1時間ぐらい かかる そうです。でも 家から 駅までは 近くて 便利 らしいです。

1. ❶ A 山で 蚊に 刺されました。

B 山で 蚊に かまれました。

❷ A 傘が なくて 雨に 降られました。

B 大雨で ずっと 家に いました。

❸ A すりに 財布を 盗まれました。

B となりの 人に 足を 踏まれました。

2. 昨日は ミョンドンで 韓国人に 間違えられて、道を 聞かれました。アメリカ人だったので 英語で 道を 教えました。一人で 旅行して いる らしくて、写真も 撮って あげました。

1. ❶ A 待たせてごめんね。

B 待っていてごめんね。

❷ A 一日 休ませて いただけませんか。

B 一日 休ませた ことが ありますか。

2. 娘には 小さい ころから いろんな 運動を させました。水泳は 5歳から 習わせて、スキーは 7歳から やらせました。娘は 特に スキーが 好き みたいで、将来 スキー選手に なりたい らしいです。

1. 昨日は 飲み会でした。部長は 藤井さんに ずっと お酒を 飲ませました。私も けっこう 飲まされましたが、途中 妻から 電話が 来て、早く 帰る ことが できました。

2. ❶ 父は 私に トイレの 掃除を させました。私は 時間が なくて 姉に 頼んで、姉に して もらいました。

❷ 彼女に 会う 前は 毎日 タバコを 吸って いました。やめる つもりは なかったんですが、結局 彼女に やめさせられました。

1. 私は 日本に 行った ことが 一度も ないので、今度の 旅行が とても 楽しみです。日本に 行ったら、有名な 寿司屋に 行って 寿司を 食べたり、渋谷で 買い物を したり したいです。あ、ディズニーランドにも 行って みたいですね。

2. 昨日は 帰り道に 雨に 降られました。家に 着いたら 頭が いたくて、寒気も して いました。風邪気味だと 思って 薬を 飲んで 寝たら、あまりにも ぐっすり 眠れたので、今朝 1時間も 寝坊しました。

일본어뱅크

베이스

초보 탈출 4주 완성 프로젝트!

일본어 STEP 2

김고운 · 정희순 · 박승주 · 다카하시 미츠히로 · 무카이 히로요시 · 이누미야 요시유키 지음

기타노 다카시 감수

실력UP노트

따로 분리해서 사용할 수 있습니다.

동양북스

베이스

초보 탈출 4주 완성 프로젝트!

일본어 STEP 2

실력UP노트

동양북스

목차

가타카나 쓰기노트

가타카나를 따라 쓰면서 일본어의 기본 문
자를 익힙니다.

청음

ア행

ア	イ	ウ	エ	オ
[a]	[i]	[u]	[e]	[o]
ア	イ	ウ	エ	オ

カ행

カ	キ	ク	ケ	コ
[ka]	[ki]	[ku]	[ke]	[ko]
カ	キ	ク	ケ	コ

サ행

サ	シ	ス	セ	ソ
[sa]	[si]	[su]	[se]	[so]
サ	シ	ス	セ	ソ

タ행

タ	チ	ツ	テ	ト
[ta]	[chi]	[tsu]	[te]	[to]
タ	チ	ツ	テ	ト

ナ행

ナ	ニ	ヌ	ネ	ノ
[na]	[ni]	[nu]	[ne]	[no]
ナ	ニ	ヌ	ネ	ノ

ハ행

ハ	ヒ	フ	ヘ	ホ
[ha]	[hi]	[hu]	[he]	[ho]
ハ	ヒ	フ	ヘ	ホ

マ행				
マ	ミ	ム	メ	モ
[ma]	[mi]	[mu]	[me]	[mo]
マ	ミ	ム	メ	モ

ヤ행				
ヤ		ユ		ヨ
[ya]		[yu]		[yo]
ヤ		ユ		ヨ

ラ행

ラ	リ	ル	レ	ロ
[ra]	[ri]	[ru]	[re]	[ro]
ラ	リ	ル	レ	ロ

ワ행

ワ				ヲ
[wa]				[o]
ワ				ヲ

ン				
[m/n]				
ン				

탁음

ガ행

ガ	ギ	グ	ゲ	ゴ
[ga]	[gi]	[gu]	[ge]	[go]
ガ	ギ	グ	ゲ	ゴ

ザ행

ザ	ジ	ズ	ゼ	ゾ
[za]	[ji]	[zu]	[ze]	[zo]
ザ	ジ	ズ	ゼ	ゾ

ダ행

ダ	ヂ	ヅ	デ	ド
[da]	[ji]	[zu]	[de]	[do]
ダ	ヂ	ヅ	デ	ド

バ행

バ	ビ	ブ	ベ	ボ
[ba]	[bi]	[bu]	[be]	[bo]
バ	ビ	ブ	ベ	ボ

반탁음

パ행				
パ	ピ	プ	ペ	ポ
[pa]	[pi]	[pu]	[pe]	[po]
パ	ピ	プ	ペ	ポ

요음

キャ		キュ		キョ
[kya]		[kyu]		[kyo]
キャ		キュ		キョ

ギャ		ギュ		ギョ
[gya]		[gyu]		[gyo]
ギャ		ギュ		ギョ

シャ		シュ		ショ
[sha]		[shu]		[sho]
シャ		シュ		ショ

ジャ		ジュ		ジョ	
[ja]		[ju]		[jo]	
ジャ		ジュ		ジョ	

チャ		チュ		チョ	
[cha]		[chu]		[cho]	
チャ		チュ		チョ	

ヂャ		ヂュ		ヂョ	
[ja]		[ju]		[jo]	
ヂャ		ヂュ		ヂョ	

ニャ		ニュ		ニョ	
[nya]		[nyu]		[nyo]	
ニャ		ニュ		ニョ	

ヒャ		ヒュ		ヒョ	
[hya]		[hyu]		[hyo]	
ヒャ		ヒュ		ヒョ	

ビャ		ビュ		ビョ	
[bya]		[byu]		[byo]	
ビャ		ビュ		ビョ	

ピャ		ピュ		ピョ
[pya]		[pyu]		[pyo]
ピャ		ピュ		ピョ

ミャ		ミュ		ミョ
[mya]		[myu]		[myo]
ミャ		ミュ		ミョ

リャ		リュ		リョ
[rya]		[ryu]		[ryo]
リャ		リュ		リョ

Memo

실력UP 작문노트

본책에서 학습한 문형을 네 단계로 나누어
연습합니다. 다양한 형식의 쓰기 연습을
통해 작문 실력을 키울 수 있습니다.

실력UP 작문노트

1. 이번 시간에 배운 표현을 활용하여 다음 문장을 일본어로 만들어 보세요.

❶ 해외에 살았던 적이 있습니다.

───────────────────────────

❷ 혼자서 술을 마신 적이 있습니다.

───────────────────────────

❸ 헬스장에 다니는 편이 좋습니다.

───────────────────────────

2. 힌트 단어들을 이용해서 다음 문장을 일본어로 만들어 보세요.

❶ 하프 마라톤에 도전한 적이 있습니다.

───────────────────────────

❷ 방해하지 않는 편이 좋을 거라고 생각합니다.

───────────────────────────

Hint

□ ハーフマラソン
하프 마라톤

□ 挑戦する 도전하다

□ 邪魔する 방해하다

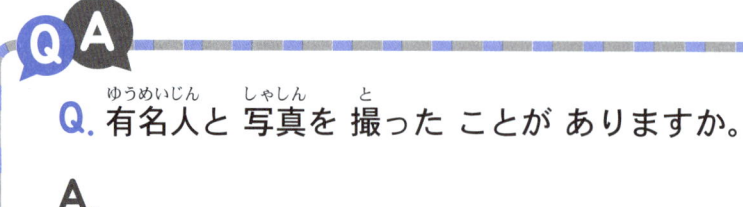

Q. 有名人と 写真を 撮った ことが ありますか。

A. ───────────────────────────

3. 다음 표현을 이용해 다음 문장을 일본어로 만들어 보세요.

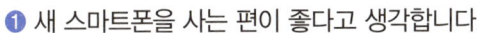

Hint

□ やめる 그만두다

❶ 새 스마트폰을 사는 편이 좋다고 생각합니다.

----

❷ 집에서 푹 쉬는 편이 좋다고 생각합니다.

----

❸ 아직 일을 그만두지 않는 편이 좋다고 생각합니다.

----

4. 문장 형태에 유의하면서 다음 문장을 일본어로 만들어 보세요.

Hint

□ ～から ～때문에

❶ 아직 한 번도 일본에 간 적이 없습니다.

----

❷ 약을 먹고 있으니까 술은 마시지 않는 편이 좋습니다.

----

❸ 우산을 가지고 가는 편이 좋다고 생각합니다.

Q A

Q. タバコを やめるか やめないか 迷って いるんです。

A. _____

➡ 실력UP 작문노트

1. 이번 시간에 배운 표현을 활용하여 다음 문장을 일본어로 만들어 보세요.

❶ 애인한테 꽃다발을 받았습니다.

....

❷ 일본 친구가 여행 선물을 줬습니다.

....

❸ 이 운동화는 여동생에게 주고 싶습니다.

....

2. 힌트 단어들을 이용해서 다음 문장을 일본어로 만들어 보세요.

❶ 올해 생일에 언니한테 받은 노트북입니다.

....

Hint

☐ 今年 올해
_{ことし}

☐ キーリング
_{き りん ぐ}
열쇠고리

❷ 올해 생일에 친구가 준 열쇠고리입니다.

....

Q A

Q. 誕生日に 何を もらいましたか。
_{たんじょう び}　_{なに}

A. _____

3. 다음 표현을 이용해 다음 문장을 일본어로 만들어 보세요.

> ## ～て くれる・もらう・あげる

❶ 친구가 저녁밥을 사 줬어요.

---

❷ 친구가 집까지 데려다 줬습니다. (～て もらう)

---

❸ 애인한테 일본어를 가르쳐주고 싶습니다.

---

4. 문장 형태에 유의하면서 다음 문장을 일본어로 만들어 보세요.

❶ 여행 갔을 때, 애인한테 맛있는 것을 만들어 줬습니다.

---

❷ 짐이 많을 때, 애인이 집까지 차로 바래다 줬습니다.

---

❸ 몸이 안 좋았을 때, 언니가 병원에 같이 가 줬습니다. (～て もらう)

Q. 恋人に 何か して もらいたい ことが ありますか。

A. _____

1. 이번 시간에 배운 표현을 활용하여 다음 문장을 일본어로 만들어 보세요.

❶ 저는 먹으면 바로 잠이 옵니다.

---

❷ 역에 도착하면 어떻게 하면 돼요?

---

❸ 일본에 갈 거라면, 봄이 좋습니다.

---

2. 힌트 단어들을 이용해서 다음 문장을 일본어로 만들어 보세요.

❶ 100미터 정도 가면 왼쪽에 있습니다.

---

❷ 신호를 건너면 바로 보입니다.

> **Hint**
> □ 100メートル
> ひゃくめ とる
> 100미터
> □ 左 왼쪽
> ひだり
> □ 信号 신호
> しんごう
> □ 渡る 건너다
> わた
> □ 見える 보이다
> み

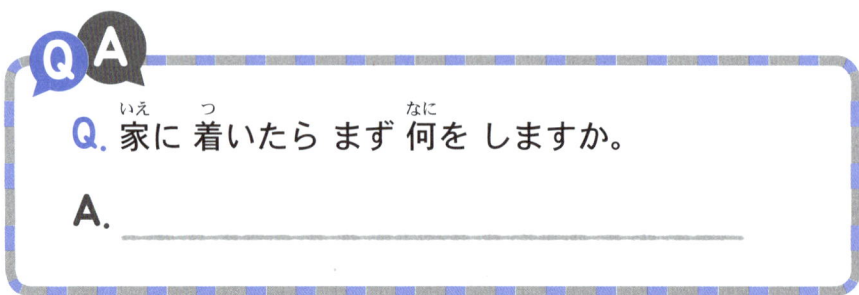

Q.家に 着いたら まず 何を しますか。
いえ つ なに

A. _____

3. 다음 표현을 이용해 다음 문장을 일본어로 만들어 보세요.

> ## ～ば よかった

❶ 자기 전에 약을 먹을걸.

....

❷ 술자리에 가지 말걸.

....

❸ 아침을 먹고 올걸.

....

4. 문장 형태에 유의하면서 다음 문장을 일본어로 만들어 보세요.

❶ 7시간 이상 자지 않으면 현기증이 납니다.

....

❷ 만약에 자리에 없으면 휴대폰으로 전화해 주세요.

....

❸ 휴대폰을 살 거라면 인터넷이 더 쌉니다.

....

Q. どう すれば 日本語が 上手に なりますか。

A. _____

→ 실력UP 작문노트

1. 이번 시간에 배운 표현을 활용하여 다음 문장을 일본어로 만들어 보세요.

❶ 자전거를 탈 수 있나요?

....

❷ 운전을 할 수 있나요?

....

❸ 휴대폰으로 사진을 보내는 것이 가능한가요?

....

2. 힌트 단어들을 이용해서 다음 문장을 일본어로 만들어 보세요.

❶ 스무 살이 되어서 이자카야에 들어갈 수 있게 되었습니다.

....

Hint

□ 二十歳 스무 살
　<ruby>は<rt></rt></ruby>たち

□ なっとう 낫토

❷ 어른이 되어서 낫토를 먹을 수 있게 되었습니다.

....

Q A

Q. 日本語を 習って 何が できる ように なりましたか。
　　にほんご　なら　　なに

A. _____

3. 다음 표현을 이용해 다음 문장을 일본어로 만들어 보세요.

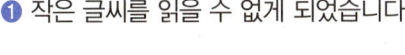

【동사 가능형】＋なく なる

① 작은 글씨를 읽을 수 없게 되었습니다.

ちい
□ 小さい 작다
じ
□ 字 글씨

② 영어를 알아들을 수 없게 되었습니다.

-----

③ 운전을 할 수 없게 되었습니다.

-----

4. 문장 형태에 유의하면서 다음 문장을 일본어로 만들어 보세요.

① 일본어를 이야기할 수 있는 사람, 있나요?

-----

② 피아노를 칠 수 있는 사람, 있나요?

えいご　　じょうず　　はな　　　とも
Q. 英語が 上手に 話せる 友だちが いますか。

A. _____

→ **실력UP 작문노트**

1. 이번 시간에 배운 표현을 활용하여 다음 문장을 일본어로 만들어 보세요.

❶ 혼자서 영화를 보려고 생각 중입니다.

....

❷ 올해는 담배를 끊을 생각입니다.

....

❸ 저는 결혼 안 할 생각입니다.

....

2. 힌트 단어들을 이용해서 다음 문장을 일본어로 만들어 보세요.

❶ 빠른 배송이라면 다음 주 화요일까지 도착할 예정입니다.

....

Hint

□ お急ぎ便 빠른 배송
　いそ　びん
□ 連休 연휴
　れんきゅう

❷ 이번 연휴에는 눈 수술을 받을 예정입니다.

....

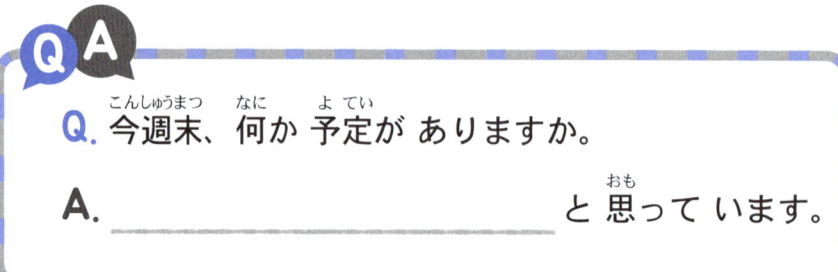

Q A

Q. 今週末、何か 予定が ありますか。
　こんしゅうまつ　なに　よ てい

A. _____ と 思って います。
　　　　　　　　　　　　　　　　　　おも

3. 다음 표현을 이용해 다음 문장을 일본어로 만들어 보세요.

> 一度（いちど） ～て みようと 思（おも）って いる

❶ 한번 가 보려고 생각 중입니다.

-----

❷ 한번 만나 보려고 생각 중입니다.

-----

❸ 한번 읽어 보려고 생각 중입니다.

-----

4. 문장 형태에 유의하면서 다음 문장을 일본어로 만들어 보세요.

❶ 봄이 되면, 한강에서 자전거를 타려고 생각 중입니다.

Hint

□ ハンガン（はんがん） 한강
□ 美術館（びじゅつかん） 미술관

-----

❷ 일을 그만둔다면, 수영을 배울 생각입니다.

-----

❸ 끝나면, 친구랑 같이 미술관에 가서 전시회를 볼 예정입니다.

Q. 今週末（こんしゅうまつ）、何（なに）か 予定（よてい）が ありますか。

A. _____ つもりです。

● 실력UP 작문노트

1. 이번 시간에 배운 표현을 활용하여 다음 문장을 일본어로 만들어 보세요.

❶ 이 책은 저에게는 어려워 보입니다.

_____

❷ 벌써 집에 간 모양입니다.

_____

❸ 오늘은 수업이 없다고 하는 것 같습니다.

_____

2. 힌트 단어들을 이용해서 다음 문장을 일본어로 만들어 보세요.

❶ 이 길의 벚꽃은 지금이라도 필 것 같습니다.

_____

Hint
□ 桜(さくら) 벚꽃
□ 咲(さ)く (꽃이) 피다

❷ 일기예보에 의하면 이번 주부터 벚꽃이 핀다고 합니다.

_____

Q. 天気予報(てんきよほう)で、何(なん)と 言(い)って いましたか。

A. _____

3. 다음 표현을 이용해 다음 문장을 일본어로 만들어 보세요.

【ます형】＋そうにない

❶ 이 가방에는 들어갈 것 같지 않습니다 .

  ···

❷ 지금은 비가 올 것 같지 않습니다.

  ···

❸ 저한테는 가능할 것 같지 않습니다.

  ···

4. 문장 형태에 유의하면서 다음 문장을 일본어로 만들어 보세요.

❶ 맛있어 보이는 도시락이네요.

  ···

❷ 마치 일본 사람처럼 일본어를 잘합니다.

  ···

❸ 가족들은 모두 해외에 살고 있다는 것 같습니다.

  ···

Q. 歌手の ように 歌が 上手な 友だちが いますか。

A. _____

1. 이번 시간에 배운 표현을 활용하여 다음 문장을 일본어로 만들어 보세요.

❶ 아침부터 선배한테 혼났습니다.

---

❷ 애인한테 전화로 차였습니다.

---

❸ 버스 안에서 발을 밟혔습니다.

---

2. 힌트 단어들을 이용해서 다음 문장을 일본어로 만들어 보세요.

❶ 모르는 사람한테 사진을 찍힌 적이 있습니다.

---

❷ 여행지에서 현지인으로 오해받은 적이 있습니다.

Hint

□ 知らない 人
  모르는 사람

□ 現地人に 間違える
  현지인으로 오해하다

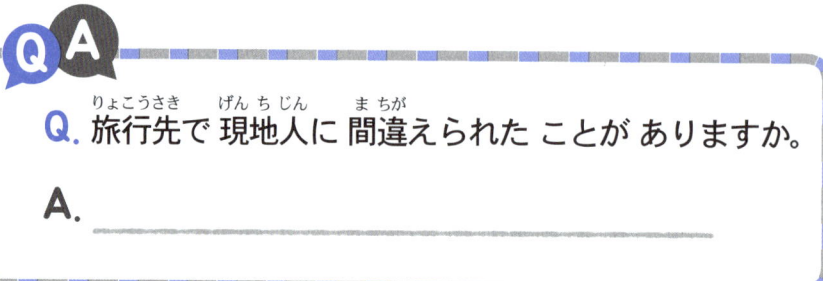

Q. A

Q. 旅行先で 現地人に 間違えられた ことが ありますか。

A.

---

3. 다음 표현을 이용해 다음 문장을 일본어로 만들어 보세요.

> ## 【동사 た형】＋んです

❶ 친구들이 (나를 두고) 웃었거든요.

....

❷ 엄마가 (내 일기를) 읽었거든요.

....

❸ 외국인이 (나한테) 길을 물어봤거든요.

....

4. 문장 형태에 유의하면서 다음 문장을 일본어로 만들어 보세요.

❶ 고양이한테 입술을 물려서 큰일이었습니다.

....

□ 唇 입술

❷ 계속 모기한테 물려서 잘 수가 없었습니다.

....

❸ 후배가 계속 물어봐서 집중을 할 수가 없었습니다.

....

Q. A

Q. 上司や 先生に ほめられた ことが ありますか。

A. _____

31

1. 이번 시간에 배운 표현을 활용하여 다음 문장을 일본어로 만들어 보세요.

❶ 아빠가 저를 학원에 다니게 했습니다.

_____

❷ 엄마가 저한테 야채를 먹게 했습니다.

_____

❸ 선배가 저한테 운전을 시켰습니다.

_____

2. 힌트 단어들을 이용해서 다음 문장을 일본어로 만들어 보세요.

❶ 좋은 성적을 받아서 선생님을 기쁘게 하고 싶습니다.

_____

❷ 그녀를 슬프게 하고 싶지 않습니다.

_____

Hint

□ 成績を 取る
　성적을 받다
□ 悲しむ 슬퍼하다

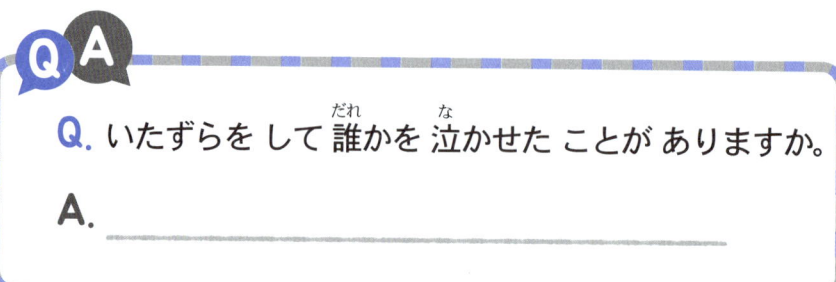

Q. いたずらを して 誰かを 泣かせた ことが ありますか。

A. _____

3. 다음 표현을 이용해 다음 문장을 일본어로 만들어 보세요.

> ## 【사역형】 + ていただけませんか。

❶ 오늘은 빨리 귀가시켜 주실 수 없을까요?

----

❷ 내일 하루 쉬게 해 주실 수 없을까요?

----

❸ 이 컴퓨터를 사용하게 해 주실 수 없을까요?.

----

4. 문장 형태에 유의하면서 다음 문장을 일본어로 만들어 보세요.

❶ 아이가 초등학생이 되면 수영을 배우게 하고 싶습니다.

□ 大学生（だいがくせい） 대학생

----

❷ 아이가 중학생이 되면 피아노를 치게 하고 싶습니다.

----

❸ 아이가 대학생이 되면 외국으로 유학시키고 싶습니다.

Q A

Q. もし 子（こ）どもが いたら、何（なに）を させたいですか。

A. _____

1. 이번 시간에 배운 표현을 활용하여 다음 문장을 일본어로 만들어 보세요.

❶ 아빠가 시켜서 학원에 다녔습니다.

---

❷ 엄마가 시켜서 야채를 먹었습니다.

---

❸ 선배가 시켜서 운전을 했습니다.

---

2. 힌트 단어들을 이용해서 다음 문장을 일본어로 만들어 보세요.

❶ 엄마 때문에 통금 시간까지 귀가해야 했습니다.

Hint

□ 門限 통금 시간
　 もんげん

□ 毎週 매주
　 まいしゅう

---

❷ 아빠 때문에 매주 일요일에 교회에 가야 했습니다.

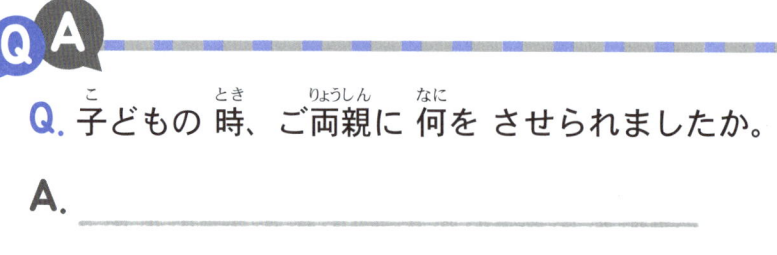

Q. 子どもの 時、ご両親に 何を させられましたか。
　　　　こ　　　とき　　　りょうしん　　なに

A. _____

3. 다음 표현을 이용해 다음 문장을 일본어로 만들어 보세요.

> ## 【사역수동형】 + のが 嫌^{いや}だ

❶ 주말에도 잔업을 해야 하는 것이 싫었습니다.

-----

❷ 회식에서 술을 마셔야 하는 것이 싫었습니다.

-----

❸ 아빠 때문에 교회에 다녀야 하는 것이 싫었습니다.

-----

4. 문장 형태에 유의하면서 다음 문장을 일본어로 만들어 보세요.

❶ 주말에도 잔업을 해야 해서 쉴 수 없습니다.

-----

❷ 친구 때문에 2시간이나 기다려야 했던 적이 있습니다.

-----

❸ 엄마 때문에 아침밥을 먹어야 해서 정말 싫었습니다.

> **Q.** 何^{なに}か させられて 嫌^{いや}だった ことが ありますか。
>
> **A.** _____

1. 이번 시간에 배운 표현을 활용하여 다음 문장을 일본어로 만들어 보세요.

❶ 쉬는 날에는 친구랑 외출하거나 집에서 쉬거나 합니다.

-----

❷ 벌써 집에 갔겠죠.

-----

❸ 아직 일을 하고 있을지도 모릅니다.

-----

2. 힌트 단어들을 이용해서 다음 문장을 일본어로 만들어 보세요.

❶ 두통이 심하기 때문에 일찍 귀가했습니다.

Hint

□ 頭痛 두통
　ず つう

-----

❷ 두통이 심한데도 잔업을 (시켜서) 해야만 했습니다.

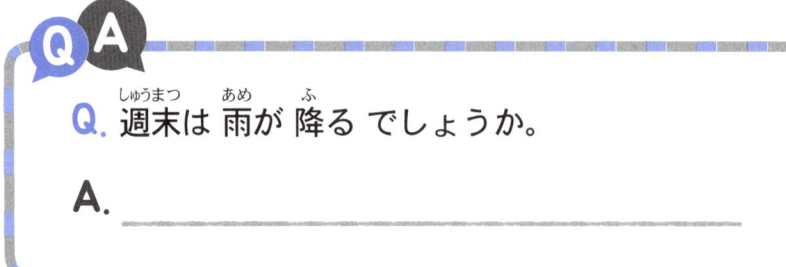

Q A

Q. 週末は 雨が 降る でしょうか。
　しゅうまつ　あめ　ふ

A. _____

3. 다음 표현을 이용해 다음 문장을 일본어로 만들어 보세요.

~んですが

① 몸 상태가 안 좋은데요, 빨리 귀가하게 해 주시면 안 될까요?

....

② 전화를 받지 않는데요, 어떻게 하면 될까요?

....

③ 지금 도착했는데요, 여기에서 기다리고 있어도 되나요?

....

4. 문장 형태에 유의하면서 다음 문장을 일본어로 만들어 보세요.

① 엄마가 시켜서 피아노를 치기도 하고, 수영을 배우기도 하고 했습니다.

....

② 약을 먹고 있는데도 술을 마셨다고 하는 것 같습니다.

....

③ 두 사람은 벌써 사귀고 있을지도 모릅니다.

....

Q. どうして 遅れたんですか。
   　　　おく

A. ごめんなさい、＿＿＿＿＿＿＿んです。

Memo

실력UP 회화노트

자연스러운 소통을 위한 일본어 경어 표현
을 익힙니다. 실제적인 경어 표현을 연습
함으로써 한 단계 높은 회화 실력을 키울
수 있습니다.

🎧 Track W01-01

A 先日 お話し いたしました 資料が
出来上がりました。ご確認 お願いします。

B かしこまりました。

A 日本から いらっしゃいました 永野先生です。

B はじめまして。永野と 申します。

 낱말과 표현

先日 요전 날 │ お+【ます형】+いたす ~해 드리다 │ 資料 자료 │ 出来上がる 완성되다 │ 確認 확인 │ かし
こまりました 알겠습니다

A 지난번 말씀드렸던 자료입니다. 확인 부탁드립니다.

B 알겠습니다.

A 일본에서 오신 나가노 선생님입니다.

B 안녕하세요, 나가노입니다.

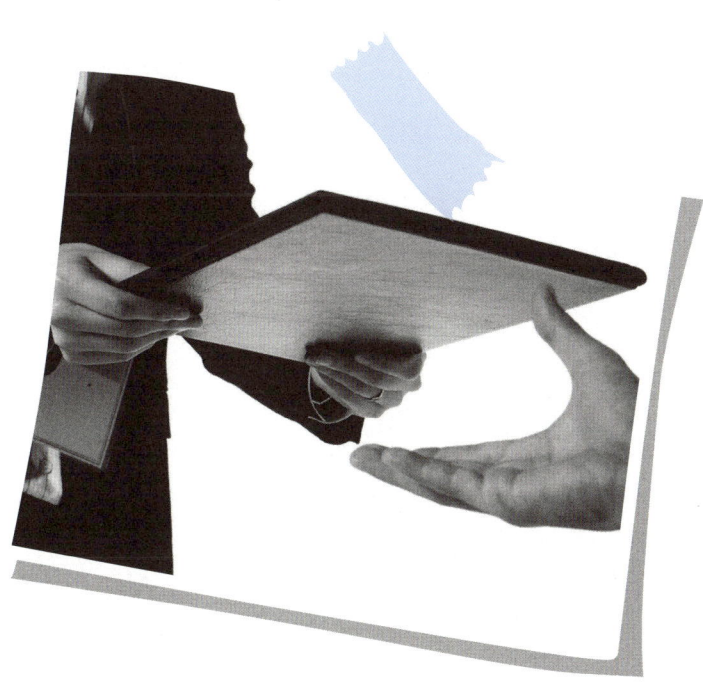

🎧 Track **W02-01**

A 木村先生から いただいた 紹介状です。

B 紹介状は そこの 箱の 中に 入れて ください。

A これ、つまらない ものですが、
皆様で 召し上がって ください。

B いただきます。

 낱말과 표현

いただく 받다, 먹다 ｜ 紹介状 소개장 ｜ 箱 상자 ｜ 皆様 여러분 ｜ 召し上がる 드시다 ｜ つまらない ものですが 별거 아닙니다만 ｜ いただきます 잘 먹겠습니다

A 기무라 선생님께 받은 소개장입니다.

B 소개장은 거기 상자 안에 넣어 주세요.

A 이거 별거 아닙니다만, 다 같이 드세요.

B 잘 먹겠습니다.

🎧 Track W03-01

 メール 1

お忙しい ところ 申し訳ございませんが、
ご検討が 終わりましたら、
ご確認の メールを いただければ 幸いです。

 メール 2

お返事が 遅くなり 大変 申し訳ございません。
出張に 出かけて おり、本日から 出社しました。

 낱말과 표현

検討 검토 | 返事 답장 | 遅い 늦다, 느리다 | 〜て おる 〜하고 있다 | 本日 오늘 | 出社する 회사에 출근하다
| いただければ 幸いです 받을 수 있다면 좋겠습니다

📧 **메일 1**

바쁘신 중에 죄송하지만,
검토가 끝나셨으면
확인 메일을 받을 수 있다면 좋겠습니다.

📧 **메일 2**

답장이 늦어져 대단히 죄송합니다.
출장으로 나가 있어서 오늘부터 출근했습니다.

🎧 Track W04-01

 メール 1

たいへん もう わけ
大変 申し訳ございませんが、
う あ じ かん へんこう ねが
打ち合わせの 時間の 変更を お願いできないでしょうか。

 メール 2

う あ じ かん へんこう けん
打ち合わせの 時間の 変更の 件、
しょう ち
承知いたしました。
あ
それでは、お会い できる 日を
ひ
たの
楽しみに して おります。

 낱말과 표현

う あ   へんこう   しょう ち
打ち合わせ 회의, 미팅 │ 変更 변경 │ 承知 いたしました 알겠습니다

메일 1

대단히 죄송합니다만,
회의 시간 변경을 부탁드릴 수 있을까요?

 메일 2

회의 시간 변경에 대한 건,
잘 알겠습니다.
그럼 만나뵐 수 있을 날을
기대하고 있겠습니다.

🎧 Track W05-01

A 営業部の 藤井様 いらっしゃいますか。

B 藤井は ただ今 出張に 出かけて おりますが。

A いつごろ お戻りに なりますか。

B 月曜日に 戻って 来る 予定と なって おります。

 낱말과 표현

営業部 영업부 │ ただ今 현재, 지금 │ 出張に 出かけて おります 출장 중입니다 │ ~予定と なって おります ~할 예정으로 되어 있습니다

A 후지이 님 계십니까?

B 후지이는 지금 출장 중입니다만.

A 언제쯤 돌아오십니까?

B 월요일에 돌아올 예정입니다.

A 申し訳ございませんが、

中井は ただ今 席を 外して おります。

よろしければ ご伝言を 伺います。

B 明日の 打ち合わせの 件ですが、

2時に 変更したいと お伝え 下さい。

 낱말과 표현

ただ今 席を 外して おります 지금 자리를 비우고 없습니다 | ご伝言を 伺います 전언을 듣겠습니다(전해 드리겠습니다)

A 죄송합니다만,
  나카이는 지금 자리를 비우고 없습니다.
  괜찮으시면 말씀 전해 드리겠습니다.

B 내일 회의에 대한 건입니다만,
  2시로 변경하고 싶다고 전해 주십시오.

🎧 Track W07-01

A 毎日 お料理 されますか。

B ええ、簡単な ものでも
自分で 作って 食べる ように して います。

A どんな 運動を されて いますか。

B 家で できる 運動なら 何でも、
週 2回は する ように して います。

 낱말과 표현

～ように して います ～하도록 하고 있습니다 │ 週 ～回 일주일에 ～번

A 매일 요리하세요?

B 네, 간단한 거라도
직접 만들어 먹으려고 하고 있습니다.

A 어떤 운동을 하세요?

B 집에서 할 수 있는 거라면 뭐든지
주 2회는 하려고 하고 있습니다.

🎧 Track W08-01

A 今日は 早く 帰らせて いただけませんか。

B どうしたんですか、急に。

A 実は 朝から 頭痛が ひどくて、
仕事に 集中できないんです。

B それは 大変ですね。
早く 帰って ゆっくり 休んで ください。

 낱말과 표현

急に 갑자기 │ 実は 실은, 사실은 │ ~に 集中できない ~에 집중이 안 된다

A 오늘은 빨리 귀가하게 해 주시면 안 될까요?

B 무슨 일이에요, 갑자기?

A 사실은 아침부터 두통이 심해서

일에 집중이 안 돼요.

B 그거 큰일이네요.
얼른 집에 가서 푹 쉬세요.

🎧 Track W09-01

A 冷^さめない うちに 召^めし上^あがって ください。

B いただきます。

A 詳^{くわ}しくは メールにて お送^{おく}りした 添付^{てんぷ}ファイルを^{ふぁいる}
　　ご覧<sup>らん</sup >に なって ください。

B かしこまりました。

A お話^{はなし}は たくさん 伺^{うかが}って おります。

B こちらこそ お会^あい できて うれしいです。

 낱말과 표현

冷^さめる 식다 │ 詳^{くわ}しい 자세하다 │ 〜にて 〜에, 〜로 │ 添付^{てんぷ}ファイル^{ふぁいる} 첨부 파일 │ ご覧^{らん}に なる 보시다 │
伺^{うかが}う 뵙다, 듣다 │

A 식기 전에 드세요.

B 잘 먹겠습니다.

A 자세한 것은 메일로 보내 드린 첨부 파일을
봐 주십시오.

B 알겠습니다.

A 이야기 많이 들었습니다.

B 저야말로 만나뵐 수 있어 기쁩니다.

🎧 Track W10-01

A ライオンマートです。

B お世話に なって おります。
お忙しい ところ 申し訳ございませんが、
人事部長の 吉田さん、お願いできますか。

A 失礼ですが、どちら様でしょうか。

B 申し遅れました。
私、ミニストアの キム・ジアと 申します。

A ミニストアの キム・ジア様で いらっしゃいますね。
ただ今 本人に 代わりますので、
少々 お待ち ください。

 낱말과 표현

人事部長 인사부 부장 │ 少々 조금, 잠시 │ どちら様でしょうか。 누구십니까? │ 申し遅れました 소개가 늦
었습니다, 인사가 늦었습니다 │ 本人に 代わります (본인에게) 전화 바꿔 드리겠습니다.

A 라이언 마트입니다.

B 신세가 많습니다.
바쁘신 중에 죄송하지만,
인사부 부장 요시다 님 통화 가능할까요?

A 실례지만 누구신가요?

B 인사가 늦었습니다.
저는 미니스토어의 김지아라고 합니다.

A 미니스토어의 김지아 님 되시는군요.
지금 전화 바꿔 드릴 테니
잠시만 기다려 주십시오.

Memo

실력UP 단어노트

본책의 주요 단어들을 CHAPTER별로 정리하였습니다. 단어를 직접 써 보면서 암기하고, 평소에는 단어장으로도 활용해 보세요.

CHAPTER 01

- ☐ 一度だけ 한 번만
- ☐ 一度〜て みる 〜해 보다
- ☐ 一度も 한 번도
- ☐ 海 바다
- ☐ 沖縄 오키나와
- ☐ 〜か〜ないか 〜지 〜말지
- ☐ 髪を 切る 머리를 자르다
- ☐ 通う 다니다
- ☐ 体の 調子が 悪い 몸 상태가 안 좋다
- ☐ 去年 작년
- ☐ キロ 킬로
- ☐ 恋人 연인, 애인
- ☐ これ以上 이 이상
- ☐ 自転車 자전거
- ☐ 市民センター 시민 센터
- ☐ 水泳 수영
- ☐ 住む 살다

□ 染（そ）める 물들이다, 염색하다 _____

□ ダイエット（だいえっと） 다이어트 _____

□ 体調（たいちょう） 몸 상태 _____

□ 宝（たから）くじに 当（あ）たる 복권에 당첨되다 _____

□ 中国（ちゅうごく） 중국 _____

□ ディズニーランド（でぃずにーらんど） 디즈니랜드 _____

□ ～と 思（おも）います ～라고 생각합니다 _____

□ ドラマ（どらま） 드라마 _____

□ 無（な）くす 분실하다 _____

□ 一人（ひとり）で 혼자서 _____

□ フランス（ふらんす） 프랑스 _____

□ フランス語（ふらんすご） 프랑스어 _____

□ 迷（まよ）う 망설이다, 주저하다 _____

□ 無理（むり）する 무리하다 _____

□ 休（やす）む 쉬다 _____

□ 痩（や）せる 살이 빠지다 _____

□ 有名人（ゆうめいじん） 유명인 _____

□ ワインバー（わいんばー） 와인 바 _____

□ 別（わか）れる 헤어지다 _____

CHAPTER 02

☐ **あげる** (다른 사람에게) 주다

☐ **いつも** 항상

☐ **笑顔**(えがお) 미소, 웃는 얼굴

☐ **送る**(おくる) 보내다, 바래다 주다

☐ **おごる** 한턱내다, 먹을 것을 사 주다

☐ **お土産**(みやげ) 선물
(특히, 여행을 다녀오면서 사 온 것)

☐ **課長**(かちょう) 과장(님)

☐ **かわいい** 귀엽다

☐ **ギフト券**(ぎふとけん) 상품권

☐ **決める**(きめる) 정하다

☐ **空港**(くうこう) 공항

☐ **化粧品**(けしょうひん) 화장품

☐ **香水**(こうすい) 향수

☐ **自分で**(じぶんで) 스스로

☐ **〜て あげる** (다른 사람에게) 〜 해 주다

☐ **手紙**(てがみ) 편지

☐ **〜て くれる** (다른 사람이 나에게) 〜해 주다

□ ～てもらう (다른 사람이 나에게) ～해 주다

□ どうやって 어떻게, 어떤 방법으로

□ 同僚 동료

□ 悩み事 고민

□ ネクタイ 넥타이

□ 花束 꽃다발

□ ハンドクリーム 핸드 크림

□ ピアス 귀걸이

□ 部長 부장님

□ 道 길

□ ～も ～이나

□ もらう 받다

□ ランチ 런치, 점심 식사

CHAPTER 03

□ 開ける 열다

□ 家を出る 집에서 나오다

□ 痛い 아프다

□ 大型スーパー 대형 마트

□ お腹 ナカ 배

□ お湯 ユ 뜨거운 물

□ 風 カゼ 바람

□ 片付け カタ ヅ 정리

□ 観覧車 カンランシャ 관람차

□ 規則正しい生活 キ ソクタダ セイカツ 규칙적인 생활

□ 牛肉 ギュウニク 소고기

□ 牛乳 ギュウニュウ 우유

□ 興味 キョウ ミ 흥미

□ クーラー ク ラ 에어컨

□ ～く なる ～해지다. ～하게 되다

□ 香水を つける コウスイ 향수를 뿌리다

□ 困る コマ 곤란하다. 난처하다

□ サプリメント サ ぷ リ メ ン ト 영양제

□ サンダル サ ン ダ ル 샌들

□ 小説 ショウセツ 소설

□ 外 ソト 밖

□ チョコレート チョ コ レ ト 초콜릿

□ 着く ツ 도착하다

□ <ruby>眠<rt>ねむ</rt></ruby>い 졸리다

□ <ruby>バ<rt>ば</rt></ruby><ruby>ス<rt>す</rt></ruby>を <ruby>降<rt>お</rt></ruby>りる 버스에서 내리다

□ <ruby>フ<rt>ふ</rt></ruby><ruby>ロ<rt>ろ</rt></ruby><ruby>ン<rt>ん</rt></ruby><ruby>ト<rt>と</rt></ruby> 프런트

□ <ruby>窓<rt>まど</rt></ruby> 창문

□ <ruby>間<rt>ま</rt></ruby>に<ruby>合<rt>あ</rt></ruby>う 시간에 맞추다

□ <ruby>無料<rt>むりょう</rt></ruby> 무료

□ めまいが する 현기증이 나다

□ もし 만약

□ <ruby>留守<rt>るす</rt></ruby> 부재중

CHAPTER 04

□ <ruby>大人<rt>おとな</rt></ruby> 어른

□ <ruby>楽譜<rt>がくふ</rt></ruby> 악보

□ <ruby>辛<rt>から</rt></ruby>い 맵다

□ <ruby>聞<rt>き</rt></ruby>き<ruby>取<rt>と</rt></ruby>る 알아듣다

□ <ruby>ギ<rt>ぎ</rt></ruby><ruby>ター<rt>た</rt></ruby> 기타

□ <ruby>曲<rt>きょく</rt></ruby> 곡

□ <ruby>距離<rt>きょり</rt></ruby> 거리

□ <ruby>最高<rt>さいこう</rt></ruby> 최고

□ サッカー 축구

□ 辞書を引く 사전을 찾다

□ 社会人 사회인, 직장인

□ スキー 스키

□ 少し 조금

□ スポーツ 스포츠

□ 中国語 중국어

□ できる 할 수 있다, 생기다, 완성되다

□ テニス 테니스

□ 内容 내용

□ ネットバンク 인터넷 뱅킹

□ バスケ 농구

□ パスタ 파스타

□ バドミントン 배드민턴

□ ピアノを弾く 피아노를 치다

□ プール 수영장, 풀장

□ 昔 옛날

□ メール 메일

□ よく 잘, 자주

□ 呼ぶ 부르다

□ レシピ 레시피

□ 練習 연습

□ ワープロ 워드프로세서

□ ワイン 와인

CHAPTER 05

□ 受ける (수업, 수술 등을) 받다, (면접 등을) 보다

□ 家族 가족

□ 健康 건강

□ 手術 수술

□ 出発 출발

□ 節約 절약

□ 卒業 졸업

□ 大学院に 進む 대학원에 진학하다

□ 【명사】+の ために ~을 위해서

□ 中国語を 始める 중국어를 시작하다

□ つもり 예정, 작정

□ 停車 정차
ていしゃ

□ 展覧会 전람회, 전시회
てんらんかい

□ 届く (보낸 것이) 도착하다
とど

□ 夏休み 여름 휴가, 여름 방학
なつやす

□ 【명사・な형용사】+なんです
～거든요

□ 日本語能力試験 일본어 능력시험
にほんごのうりょくしけん

□ 話 이야기
はなし

□ ～半 ～반
はん

□ 飛行機 비행기
ひこうき

□ 免許を 取る 면허를 따다
めんきょ と

□ やめる 그만두다

□ 予定 일정, 스케줄
よてい

□ 料理教室 요리 교실
りょうりきょうしつ

□ 料理を 習う 요리를 배우다
りょうり なら

CHAPTER 06

□ 赤ちゃん 아기
あか

□ 飽きる 질리다
あ

□ 浅草（あさくさ） 아사쿠사(일본의 지명)

□ 頭（あたま）が いい 머리가 좋다

□ 今（いま）にも 금방이라도

□ インサドン 인사동

□ 受（う）かる 합격하다

□ うらやましい 부럽다

□ 駅前（えきまえ） 역 앞

□ オープンイベント（おーぷんいべんと） 오픈 이벤트

□ お互（たが）い 서로

□ 大人（おとな）しい 어른스럽다

□ 海外（かいがい）に 住（す）んで いる
해외에 살고 있다

□ かかる 걸리다

□ 歌手（かしゅ） 가수

□ かっこいい 멋있다

□ 鎌倉（かまくら） 가마쿠라(일본의 지명)

□ 消（き）える 꺼지다

□ 几帳面（きちょうめん）だ 꼼꼼하다

□ 厳（きび）しい 엄하다

- 気難しい 성미가 까다롭다
- ～ぐらい ～정도
- クラス 클래스, 반
- 結婚して いる 결혼했다(결혼한 상태, 기혼)
- 込む 붐비다, 혼잡하다
- 寂しい 쓸쓸하다
- 席 자리
- 第一印象 첫인상
- 大学 대학
- 大事だ 중요하다
- 冷たい 차갑다, 냉정하다
- 徹夜 밤샘 근무
- 天気予報 일기예보
- 電話に 出る 전화를 받다
- どうしたんですか 무슨 일 있어요?
- 遠い 멀다
- 仲が いい 사이가 좋다
- 泣く 울다

□ 何回か 몇 번인가
なんかい

□ ～によると ～에 의하면

□ 人形 인형
にんぎょう

□ 日帰り旅行 당일치기 여행
ひがえ りょこう

□ 不便だ 불편하다
ふ べん

□ 返事 답장, 대답
へんじ

□ まるで 마치

□ マンション 맨션
まんしょん

□ 見える 보이다
み

□ 店 가게
みせ

□ メッセージ 메시지
めっせ じ

□ モデル 모델
も でる

□ やる 하다

□ ラーメン屋 라면집
ら めんや

CHAPTER 07

□ アメリカ人 미국인
あ めり か じん

□ 大雨 큰비
おおあめ

□ 怒る 화내다
おこ

□ 蚊 모기

□ かむ 물다

□ 完全に 완전히

□ 警察に 届ける 경찰에 신고하다

□ 告白 고백

□ コピー 복사

□ 壊す 부수다

□ 刺す 찌르다

□ 資料 자료

□ ずっと 계속, 훨씬

□ すっぴん 민낯

□ すり 소매치기

□ 先輩 선배

□ 頼む 부탁하다

□ 〜って 〜라고

□ 年 나이

□ 突然 갑자기

□ となり 옆

□ 盗む 훔치다

□ 鼻 코

□ 久しぶり 오랜만

□ 踏む 밟다

□ ふる 거절하다, 차다

□ プロポーズ 프러포즈

□ ほめる 칭찬하다

□ 間違える 틀리다, 착각하다

□ 名字 성(이름의 성씨)

□ ミョンドン 명동

□ 山 산

□ ～より ～보다

□ 旅行先 여행지

□ 若い 젊다

CHAPTER 08

□ 危ない 위험하다

□ いたずらを する 장난을 치다

□ 一週間 일주일간

□ いろんな 여러 가지

- □ インフルエンザ 독감
- □ 嬉しい 기쁘다
- □ 遅い 늦다
- □ 漢方薬 한방약
- □ 教会 교회
- □ 国 나라
- □ 喧嘩を する 싸우다
- □ 合格する 합격하다
- □ 高校 고등학교
- □ 【사전형・ない형】+ことに する
  ~하기로, 안 하기로 결정하다
- □ 両親 부모님
- □ 塾 입시 학원, 보습 학원
- □ 冗談 농담
- □ 将来 장래, 미래
- □ スキー選手 스키 선수
- □ たくさん 많음
- □ 小さい 작다
- □ 中学生 중학생

□ 特(とく)に 딱히(~않다)

□ 泊(と)まる 묵다

□【명사】+に なる ~가 되다

□ ひどい 심하다, 너무하다

□ 不安(ふあん) 불안

□ 文章(ぶんしょう) 문장

□ 息子(むすこ) 아들

□ 迷惑(めいわく) 폐, 성가심

□ 夜(よる) 밤

□ 喜(よろこ)ぶ 기뻐하다

□ 留学(りゅうがく) 유학

□ 笑(わら)う 웃다

CHAPTER 09

□ 嫌(いや)だ 싫다

□ 英会話(えいかいわ) 영어 회화

□ 大掃除(おおそうじ) 대청소

□ お見合(みあ)いを する 맞선을 보다

□ 企画書(きかくしょ) 기획서

□ 具合が 悪い 몸 상태가 나쁘다

□ 計画 계획

□ 結局 결국

□ けっこう 꽤, 상당히

□ 残業 잔업

□ 社員旅行

□ 塾に 通う 학원에 다니다

□ 小学生 초등학생

□ 祖母 조모, 할머니

□ 立てる 세우다

□ 違う 다르다

□ 妻 아내

□ 連れて 行く 데리고 가다

□ 途中 도중(에), 중간(에)

□ にんじん 당근

□ 飲み会 술자리, 회식

□ 野菜 야채

□ 山登り 등산

CHAPTER 10

- 朝寝坊 늦잠, 늦잠을 잠

- あまりにも 너무나도

- 意外と 의외로

- 一生懸命 열심히

- 遅れる 늦다

- おしゃれだ 멋지다, 세련되다

- お腹が 空く 배가 고프다

- 帰り道 귀갓길

- 家事 가사, 집안일

- 風邪気味だ 감기 기운이 있다

- 給料 급여

- ぐっすり 푹

- こんなに 이렇게

- さっき 아까

- 寒気 오한

- ～しか ~밖에

- 渋谷 시부야(일본의 지명)

□ 済^すませる 끝내다

□ 楽^{たの}しみだ 기대되다

□ 遅刻^{ちこく} 지각

□ 付^つき合^あう 사귀다

□ 【명사】+でも ～라도

□ 店員^{てんいん} 점원

□ ドライブ^{どらいぶ}に行^ゆく 드라이브를 가다

□ 眠^{ねむ}る 잠자다

□ 道^{みち}が込^こむ 길이 막히다

□ 予約^{よやく}する 예약하다

□ 連絡^{れんらく}を取^とる 연락을 하다

일본어뱅크

베이스

초보 탈출 4주 완성 프로젝트!

일본어 STEP 2

실력UP노트

이름

외국어 출판 40년의 신뢰
외국어 전문 출판 그룹
동양북스가 만드는 책은 다릅니다.

40년의 쉼 없는 노력과 도전으로 책 만들기에 최선을 다해온 동양북스는
오늘도 미래의 가치에 투자하고 있습니다.
대한민국의 내일을 생각하는 도전 정신과 믿음으로 최선을 다하겠습니다.

동양북스

📖 동양북스 추천 교재

일본어 교재의 최강자, 동양북스 추천 교재

회화 코스북

일본어뱅크 다이스키
STEP 1·2·3·4·5·6·7·8

일본어뱅크
좋아요 일본어 1·2·3

일본어뱅크 도모다찌
STEP 1·2·3

분야서

일본어뱅크
NEW 스타일 일본어 문법

일본어뱅크
일본어 작문 초급

일본어뱅크
사진과 함께하는
일본 문화

일본어뱅크
항공 서비스 일본어

가장 쉬운 독학
일본어 현지회화

수험서

일취월장 JPT
독해 · 청해

일취월장 JPT
실전 모의고사 500 · 700

일단 합격하고 오겠습니다
JLPT 일본어능력시험
N1 · N2 · N3 · N4 · N5

일단 합격하고 오겠습니다
JLPT 일본어능력시험
실전모의고사 N1 · N2 · N3 · N4/5

단어 · 한자

특허받은
일본어 한자 암기박사

일본어 상용한자 2136
이거 하나면 끝!

일본어뱅크
New 스타일 일본어 한자 1 · 2

가장 쉬운 독학
일본어 단어장

일단 합격하고 오겠습니다
JLPT 일본어능력시험
단어장 N1 · N2 · N3

중국어 교재의 최강자, 동양북스 추천 교재

중국어뱅크 북경대학 신한어구어
1 · 2 · 3 · 4 · 5 · 6

중국어뱅크 스마트중국어
STEP 1 · 2 · 3 · 4

중국어뱅크 집중중국어
STEP 1 · 2 · 3 · 4

중국어뱅크
문화중국어 1 · 2

중국어뱅크
관광 중국어 1 · 2

중국어뱅크
여행실무 중국어

중국어뱅크
호텔 중국어

중국어뱅크
판매 중국어

중국어뱅크
항공 서비스 중국어

중국어뱅크
시청각 중국어

정반합 新HSK
1급 · 2급 · 3급 · 4급 · 5급 · 6급

버전업! 新HSK 한 권이면 끝
3급 · 4급 · 5급 · 6급

버전업! 新HSK
VOCA 5급 · 6급

가장 쉬운 독학 중국어 단어장

중국어뱅크
중국어 간체자 1000

특허받은
중국어 한자 암기박사

📖 동양북스 추천 교재

중고급 학습

첫걸음 끝내고 보는
프랑스어
중고급의 모든 것

첫걸음 끝내고 보는
스페인어
중고급의 모든 것

첫걸음 끝내고 보는
독일어
중고급의 모든 것

첫걸음 끝내고 보는
태국어
중고급의 모든 것

단어장

버전업! 가장 쉬운
프랑스어 단어장

버전업! 가장 쉬운
스페인어 단어장

버전업! 가장 쉬운
독일어 단어장

여행 회화

     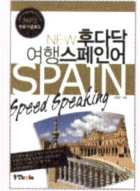  

NEW 후다닥
여행 중국어

NEW 후다닥
여행 일본어

NEW 후다닥
여행 영어

NEW 후다닥
여행 독일어

NEW 후다닥
여행 프랑스어

NEW 후다닥
여행 스페인어

NEW 후다닥
여행 베트남어

NEW 후다닥
여행 태국어

수험서·교재

한 권으로 끝내는 DELE
어휘·쓰기·관용구편 (B2~C1)

수능 기초 베트남어
한 권이면 끝!

버전업!
스마트 프랑스어

일단 합격하고 오겠습니다
독일어능력시험
A1·A2·B1·B2(근간 예정)